中国南方电网
CHINA SOUTHERN POWER GRID

南方电网能源发展研究院

南方电网发展报告

（2023年）

南方电网能源发展研究院有限责任公司　编著

中国电力出版社
CHINA ELECTRIC POWER PRESS

图书在版编目（CIP）数据

南方电网发展报告．2023年/南方电网能源发展研究院有限责任公司编著．—北京：中国电力出版社，2023.12

ISBN 978-7-5198-8369-0

Ⅰ.①南…　Ⅱ.①南…　Ⅲ.①电力工业－工业企业管理－研究报告－中国－2023　Ⅳ.①F426.61

中国国家版本馆CIP数据核字（2023）第232098号

出版发行：中国电力出版社
地　　址：北京市东城区北京站西街19号（邮政编码100005）
网　　址：http：//www.cepp.sgcc.com.cn
责任编辑：岳　璐（010-63412339）
责任校对：黄　蓓　王海南
装帧设计：张俊霞
责任印制：石　雷

印　　刷：北京华联印刷有限公司
版　　次：2023年12月第一版
印　　次：2023年12月北京第一次印刷
开　　本：787毫米×1092毫米　16开本
印　　张：9.75
字　　数：135千字
印　　数：001—800册
定　　价：58.00元

《南方电网发展报告（2023 年）》

编　写　组

组　　长　梁　宇
副 组 长　林　勇
主 笔 人　卓　越　韩明宇　聂金峰
编写人员　刘展志　雷　成　邵　冲　刘志文　董　楠
曹　毅　段　瑶　肖天颖　袁康龙　刘　平
李　岩　潘旭东　陈泽兴　周焕生

前 言

PREFACE

在积极稳妥推进碳达峰、碳中和的背景下，我国能源电力行业在加快规划建设新型能源体系、逐步构建新能源占比逐渐提高的新型电力系统的方向上奋力前行。南方电网能源发展研究院以习近平新时代社会主义思想为指导，在南方电网公司党组的正确领导下，立足具有行业影响力的世界一流能源智库，服务国家能源战略、服务能源电力行业、服务经济社会发展的行业智囊定位，围绕能源清洁低碳转型、新型电力系统建设以及企业创新发展等焦点议题，深入开展战略性、基础性、应用性研究，形成一批高质量研究成果，以年度报告形式集结成册，希望为党和政府科学决策、行业变革发展、相关研究人员提供智慧和力量。

2022年，党的二十大报告对确保能源安全、推动能源清洁低碳高效利用、规划建设新型能源体系等重点工作作出专门部署。南方电网公司坚决落实党中央、国务院决策部署，扎实推进新时代国企工作和能源电力事业高质量发展，加快步伐构建新型电力系统，全面建设安全、可靠、绿色、高效、智能的现代化电网。在推进城市电网升级和现代农村电网建设，推动电网数字化转型和智能化调控，保障电网安全稳定运行，提高新能源并网质量和效率等电网发展建设方面做了大量工作。因此，系统、全面、客观总结南方电网发展情况，不论是对梳理现阶段电网运行发展状况，还是对构建以新型电力系统，都具有重要的现实意义和参考价值。

鉴于此，我们以《南方电网发展报告（2022 年）》为基础，进一步整合优化报告结构和内容，编制形成《南方电网发展报告（2023 年）》。本报告在 2022 年南方五省（区）电力供需情况分析和电网发展政策梳理的基础上，对南方电网的发展状况进行了全面梳理，并总结了 2022 年南方五省（区）电力发展成效，最后对粤港澳大湾区在新型电力系统建设方面的成效进行了梳理和总结。

本报告第 1 章～第 4 章由卓越主笔，第 5 章由韩明宇主笔，全书由聂金峰统稿和校核。

本报告在编写过程中，得到了南方电网公司战略规划部、市场营销部、数字化部、南网总调等部门（单位）的悉心指导和帮助，在此表示最诚挚的谢意！

限于作者水平，报告难免存在疏漏与不足，恳请读者批评指正。

编　者

2023 年 9 月

目　录
CONTENTS

第1章

电网发展相关政策梳理

创新引领 智力共享

1.1　中央及国家部委有关政策

1.1.1　能源电力顶层规划

2022年2月，国家发改委、国家能源局印发《关于完善能源绿色低碳转型体制机制和政策措施的意见》（以下简称《意见》），明确“坚持系统观念、统筹推进，坚持保障安全、有序转型，坚持创新驱动、集约高效，坚持市场主导、政府引导”的基本原则，提出“十四五”时期基本建立推进能源绿色低碳发展的制度框架，构建以能耗“双控”和非化石能源目标制度为引领的能源绿色低碳转型推进机制；到2030年基本建立完整的能源绿色低碳发展基本制度和政策体系，形成非化石能源既基本满足能源需求增量又规模化替代化石能源存量、能源安全保障能力得到全面增强的能源生产消费格局的主要目标。《意见》强调整体优化输电网络和电力系统运行，提升对可再生能源电力的输送和消纳能力；大力推进高比例容纳分布式新能源电力的智能配电网建设，鼓励建设源网荷储一体化、多能互补的智慧能源系统和微电网；在省级电网及以上范围优化配置调节性资源，加强省际、区域间电网互联互通。

2022年3月，国家发改委、国家能源局印发《“十四五”现代能源体系规划》（以下简称《规划》），明确保障安全，绿色低碳；创新驱动，智能高效；深化改革，扩大开放；民生优先，共享发展的基本原则。提出到2025年，发电装机总容量达到约30亿kW，能源储备体系更加完善，能源自主供给能力进一步增强；到2035年，能源安全保障能力大幅提升，绿色生产和消费模式广泛形成，非化石能源消费比重在2030年达到25%的基础上进一步大幅提高，可再生能源发电成为主体电源，新型电力系统建设取得实质性成效，碳排放总量达峰后稳中有降。《规划》要求推动电力系统向适应大规模高比例新能源方向演进。以电网为基础平台，提升电网智能化水平，推动电网主动适应大规模集中式新能源和量大面广的分布式能源发展。提高配电网接纳新能源和多元化负荷的承载力和灵活性，促进新能源优先就地就近开发利用。积极发展以消纳新能源为主的智能微电网，实现与大电网兼容互补。完善区域电网主网架结构，推动电网之间柔性可控互联，提升电网适应新能源的动态稳定水平。科学推进新能源电力跨省跨区输送，稳步推广柔性直流输电，提高全网消纳新能源能力。优化布局电网侧储能，发挥储能消纳新能源、削峰填谷、增强电网稳定性和应急供电等多重作用。

2022 年 5 月，国家发展改革委、国家能源局发布《关于促进新时代新能源高质量发展实施方案的通知》，提出了 7 个方面 21 项促进新时代新能源高质量发展的政策举措。①创新新能源开发利用模式，加快推进以沙漠、戈壁、荒漠地区为重点的大型风电光伏基地建设，促进新能源开发利用与乡村振兴融合发展，推动新能源在工业和建筑领域应用，引导全社会消费新能源等绿色电力；②加快构建适应新能源占比逐渐提高的新型电力系统，全面提升电力系统调节能力和灵活性，着力提高配电网接纳分布式新能源的能力，稳妥推进新能源参与电力市场交易，完善可再生能源电力消纳责任权重制度；③深化新能源领域“放管服”改革，持续提高项目审批效率，优化新能源项目接网流程，健全新能源相关公共服务体系；④支持引导新能源产业健康有序发展，推进科技创新与产业升级，保障产业链供应链安全，提高新能源产业国际化水平；⑤保障新能源发展合理空间需求，完善新能源项目用地管制规则，提高国土空间资源利用效率；⑥充分发挥新能源的生态环境保护效益，科学评价新能源项目生态环境影响和效益，支持在石漠化、荒漠化土地以及采煤沉陷区等矿区开展具有生态环境保护和修复效益的新能源项目，促进农村清洁取暖、农业清洁生产，助力农村人居环境整治提升；⑦完善支持新能源发展的财政金融政策，优化财政资金使用，完善金融相关支持措施，丰富绿色金融产品服务。

2022 年 6 月，国家发改委等 9 部门联合印发《“十四五”可再生能源发展规划》（以下简称《规划》），从发展基础和发展形势、指导方针和发展目标、优化发展方式、促进存储消纳、坚持创新驱动、健全体制机制、坚持开放融入、保障措施、规划实施、环境影响分析10个方面部署重点任务。《规划》强调，要加快建设可再生能源存储调节设施，强化多元化智能化电网基础设施支撑，提升新型电力系统对高比例可再生能源的适应能力。加强可再生能源发电终端直接利用，扩大可再生能源多元化非电利用规模，推动可再生能源规模化制氢利用，促进乡村可再生能源综合利用，多措并举提升可再生能源利用水平。加强可再生能源富集地区电网配套工程及主网架建设，提升关键局部断面送出能力，支撑可再生能源在区域内统筹消纳。推动配电网扩容改造和智能化升级，提升配电网柔性开放接入能力、灵活控制能力和抗扰动能力，增强电网就地就近平衡能力，构建适应大规模分布式可再生能源并网和多元负荷需要的智能配电网。

2022年10月，国家能源局印发《能源碳达峰碳中和标准化提升行动计划》，从总体要求、重点任务、组织实施3个方面部署15项具体工作安排。其中氢能方面提出：加快完善氢能技术标准。进一步推动氢能产业发展标准化管理，加快完善氢能标准顶层设计和标准体系。开展氢制备、氢储存、氢输运、氢加注、氢能多元化应用等技术标准研制，支撑氢能“制储输用”全产业链发展。重点围绕可再生能源制氢、电氢耦合、燃料电池及系统等领域，增加标准有效供给。建立健全氢能质量、氢能检测评价等基础标准。

2023年3月，国家能源局印发《关于加快推进能源数字化智能化发展的若干意见》（以下简称《意见》），提出针对电力、煤炭、油气等行业数字化智能化转型发展需求，通过数字化智能化技术融合应用，急用先行、先易后难，分行业、分环节、分阶段补齐转型发展短板，为能源高质量发展提供有效支撑。到2030年，能源系统各环节数字化智能化创新应用体系初步构筑、数据要素潜能充分激活，一批制约能源数字化智能化发展的共性关键技术取得突破。《意见》从加快行业转型升级、推进应用试点示范、推动共性技术突破、健全发展支撑体系、加大组织保障力度等方面提出了多项举措。

《意见》提到，国家明确的各类能源数字化智能化示范项目，各级能源主管部门要加大支持力度，优先纳入相关规划。发挥财政资金的引导作用，落实好促进数字科技创新的投资、税收、金融、保险、知识产权等支持政策，加大对能源数字化智能化技术创新的资金支持力度，形成支持能源数字化智能化发展的长效机制。

2023 年 6 月，国家能源局发布《新型电力系统发展蓝皮书》，全面阐述新型电力系统的发展理念、内涵特征，制定“三步走”发展路径，并提出构建新型电力系统的总体架构和重点任务。蓝皮书提出电力系统要主动实现“四个转变”，①电力系统功能定位由跟随经济社会发展向主动引领产业升级转变；②电力供给结构以化石能源发电为主体向新能源提供可靠电力支撑转变；③系统形态由“源网荷”三要素向“源网荷储”四要素转变，电网多种新型技术形态并存；④电力系统调控运行模式由单向计划调度向源网荷储多元智能互动转变。蓝皮书提出按照党中央提出的新时代“两步走”战略安排要求，锚定 2030 年前实现碳达峰、2060 年前实现碳中和的战略目标，以 2030、2045、2060 年为新型电力系统构建战略目标的重要时间节点，制定新型电力系统“三步走”发展路径，即加速转型期（当前至 2030 年）、总体形成期（2030—2045 年）、巩固完善期（2045—2060 年），有计划、分步骤推进新型电力系统建设的“进度条”。

2023 年 7 月，中央深改委会议审议通过《关于深化电力体制改革加快构建新型电力系统的指导意见》（下称《指导意见》），强调要深化电力体制改革，加快构建清洁低碳、安全充裕、经济高效、供需协同、灵活智能的新型电力系统，更好推动能源生产和消费革命，保障国家能源安全。《指导意见》强调，要科学合理设计新型电力系统建设路径，在新能源安全可靠替代的基础上，有计划分步骤逐步降低传统能源比重。要健全适应新型电力系统的体制机制，推动加强电力技术创新、市场机制创新、商业模式创新。要推动有效市场同有为政府更好结合不断完善政策体系，做好电力基本公共服务供给。

1.1.2 新能源发展政策

2022年10月，国家发改委、国家能源局联合发布《关于促进光伏产业链健康发展有关事项的通知》（以下简称《通知》），从多措并举保障多晶硅合理产量、创造条件支持多晶硅先进产能按期达产、鼓励多晶硅企业合理控制产品价格水平、充分保障多晶硅生产企业电力需求、鼓励光伏产业制造环节加大绿电消纳、完善产业链综合支持措施、加强行业监管、合理引导行业预期8个方面明确相关工作要求。《通知》鼓励光伏产业制造环节加大绿电消纳。鼓励多晶硅生产企业直接消纳光伏、风电、水电等绿电进行生产制造，支持通过微电网、源网荷储、新能源自备电站等形式就近就地消纳绿电。使用绿电进行多晶硅生产的，新增可再生能源消费不纳入能源消费总量控制。

2022年11月，国家能源局综合司发布《关于积极推动新能源发电项目应并尽并、能并早并有关工作的通知》（以下简称《通知》）。《通知》提出，各电网企业在确保电网安全稳定、电力有序供应前提下，按照“应并尽并、能并早并”原则，对具备并网条件的风电、光伏发电项目及时并网，并允许分批并网。《通知》表示，今年以来，我国新能源发电持续快速增长并保持较高利用水平，第四季度新能源投产并网较为集中。保证新能源发电项目及时并网，既有利于增加清洁电力供应，发挥新能源在“迎峰度冬”期间的保供作用，也有利于促进能源清洁低碳转型，助力实现碳达峰碳中和目标。《通知》明确提出，各电网企业在确保电网安全稳定、电力有序供应前提下，按照“应并尽并、能并早并”原则，对具备并网条件的风电、光伏发电项目，切实采取有效措施，保障及时并网，允许分批并网，不得将全容量建成作为新能源项目并网必要条件。同时，加大统筹协调力度，加大配套接网工程建设，与风电、光伏发电项目建设做好充分衔接，力争同步建成投运。

1.1.3 农村电网巩固提升

2022年10月，国家发展改革委、国家能源局联合发布《关于实施农村电网巩固提升工程的指导意见（征求意见稿）》（以下简称《意见》）。《意见》提出了农村电网建设的主要目标，到 2025 年，全国农村供电可靠率达到 99.87%，综合电压合格率不低于 99%。农村地区分布式可再生能源装机规模显著提升，消纳率保持在合理水平；电能替代持续推进，农村地区电能占终端能源消费比重逐步提升。《意见》同时指出，加强网源规划建设衔接，支撑农村可再生能源开发。提升分布式可再生能源消纳能力，做好分布式可再生能源发电并网服务。《意见》提出，在合理供电范围内有序推动内蒙古、四川、云南、西藏、甘肃、青海、新疆等省（自治区）公共电网延伸覆盖。因地制宜建设改造可再生能源微电网，通过合理配置储能、柴油发电机等，有效提升边远地区电力普遍服务水平。做好农村充电基础设施配套电网建设，服务电动汽车下乡，推动农村绿色交通出行。统筹实施农村电网巩固提升和农村"煤改电"，推动农村地区清洁取暖。

1.1.4 储能发展政策

2022 年 3 月，国家发改委、国家能源局印发《"十四五"新型储能发展实施方案》（以下简称《实施方案》）。《实施方案》聚焦六大方向，明确了"十四五"期间的重点任务，重点任务之一是以规模化发展支撑新型电力系统建设。《实施方案》坚持优化新型储能建设布局，推动新型储能与电力系统各环节融合发展。在电源侧，加快推动系统友好型新能源电站建设，以新型储能支撑高比例可再生能源基地外送、促进沙漠戈壁荒漠大型风电光伏基地和大规模海上风电开发消纳，通过合理配置储能提升煤电等常规电源调节能力。在电网侧，因地制宜发展新型储能，在关键节点配置储能提高大电网安全稳定运行水平，在站址走廊资源紧张等地区延缓和替代输变电设施投资，在电网薄弱区域增强供电保障能力，围绕重要电力用户提升系统应急保障能力。在用户侧，灵活多样地配置新型储能支撑分布式供能系统建设、为用户提供定制化用能服务、提升用户灵活调节能力。同时，推动储能多元化创新应用，推进源网荷储一体化、跨领域融合发展，拓展多种储能形式应用。

2022年6月，国家发改委、国家能源局发布《关于进一步推动新型储能参与电力市场和调度运用的通知》（以下简称《通知》），从总体要求、新型储能可作为独立储能参与电力市场、鼓励配建新型储能与所属电源联合参与电力市场、加快推动独立储能参与电力市场配合电网调峰、充分发挥独立储能技术优势提供辅助服务、优化储能调度运行机制、进一步支持用户侧储能发展、建立电网侧储能价格机制、修订完善相关政策规则、加强技术支持、加强组织领导、做好监督管理等12个方面部署重点工作。《通知》提出，新型储能可作为独立储能参与电力市场，鼓励以配建形式存在的新型储能项目，通过技术改造满足同等技术条件和安全标准时，可选择转为独立储能项目。鼓励配建新型储能与所属电源联合参与电力市场，随着市场建设逐步成熟，鼓励探索同一储能主体可以按照部分容量独立、部分容量联合两种方式同时参与的市场模式。加快推动独立储能参与电力市场配合电网调峰。加快推动独立储能参与中长期市场和现货市场。

1.1.5 电力市场政策

2022年1月，国家发改委、国家能源局印发《关于加快建设全国统一电力市场体系的指导意见》（以下简称“指导意见”），从健全多层次统一电力市场体系、完善统一电力市场体系的功能、健全统一电力市场体系的交易机制、加强电力统筹规划和科学监管、构建适应新型电力系统的市场机制等5个方面提出工作要求。《指导意见》强调要提升电力市场对高比例新能源的适应性，因地制宜建立发电容量成本回收机制，探索开展绿色电力交易，健全分布式发电市场化交易机制，推动电网企业输配电业务和购售电业务分开核算，注重发挥市场价格信号对电力规划建设的引导作用，在现货市场内推动调峰服务等。

2022年11月，国家能源局发布《电力现货市场基本规则（征求意见稿）》（以下简称《基本规则》）《电力现货市场监管办法（征求意见稿）》（以下简称《监管办法》），其中，《基本规则》明确了集中式电力市场模式下的主要市场规则；《监管办法》则规定了监管机构对于各类市场成员的监管内容以及监管流程。这两份文件的出台旨在规范电力现货市场的运营和管理，依法维护电力市场主体的合法权益，推进统一开放、竞争有序的电力市场体系建设。

1.1.6　电力系统安全稳定

2022 年 4 月，国家发改委印发《电力可靠性管理办法（暂行）》（以下简称《管理办法》），从电力系统可靠性管理、发电可靠性管理、输变电可靠性管理、供电可靠性管理、用户可靠性管理、网络安全、信息管理、监督管理以及奖惩措施 9 个方面规定 64 条细则。《管理办法》要求电网企业应当对电力供应及安全风险进行预测，运行数据开展监测分析并评估电力系统满足电力电量需求的能力。要求加强区域电力系统的统筹规划和项目建设衔接，优化资源配置，推进电网协调有序发展。电力企业应当落实网络安全保护责任，设立专门的网络安全管理及监督机构，落实网络安全等级保护、关键信息基础设施安全保护和数据安全制度。

2022 年 11 月，国家能源局修订印发了《电力二次系统安全管理若干规定》（国能发安全规〔2022〕92 号）（以下简称《规定》）。新修订的《规定》重点围绕电力二次系统安全管理各环节，将全文划分为总则、规划建设管理、运行维护管理、定值和参数管理、附则 5 个章节，阐述了《规定》的制定目的和依据、适用范围、管理职责和总体原则，规定了各相关单位开展电力二次系统规划设计、设备选型、安装验收等工作的有关要求，明确了二次系统日常维护、更新改造、故障处置等方面的工作规定，提出了定值和参数管理要求。在本次修订中，进一步明确了调度机构的技术监督职责，建立了二次系统安全管理情况书面报告制度，将新能源（含间歇式电源）发电控制系统、直流控制保护系统等纳入电力二次系统范畴，扩展了《规定》的适用范围，对电力二次系统网络安全防护增加了新的要求，新增了加强网络安全监视与事件信息报送等要求，与国家新出台的网络安全相关法律法规进行了衔接。归并了有关发电企业的发电机励磁调速、新能源等参数管理内容，细化了电力通信设备数据配置、运行方式管理要求，增加了调度数据网参数配置管理和备案内容。

2022年11月，国家能源局组织编制印发《关于加强直流输电系统安全管理的通知》（以下简称《通知》）《防止直流输电系统安全事故的重点要求》（以下简称《要求》），旨在通过出台政策文件和技术指导性文件，建立直流输电系统安全管理政策体系，全面提升我国直流输电系统安全管理水平。《通知》以直流输电系统全过程安全管理为主线，立足电力主管监管部门、电力企业在直流输电安全管理方面的职责定位，从规划、建设、运行各阶段提出工作要求。《通知》要求，电力企业要落实直流安全管理主体责任，加强规划阶段网源统筹和交直流协调发展，做好建设阶段设备选型、质量管控与技术监督，推进运行阶段直流近区电网结构变化校核与直流系统应急响应体系建设；各级电力相关管理部门要加强对直流换流站等直流输电设施的安全管理，协调解决电力设施保护、输电通道规划、新能源配套支撑电源建设、电力用户电能质量管控等方面问题；国家能源局及其派出机构统筹负责辖区内的直流输电系统安全监管工作，完善政策法规和标准规范体系，监督指导电力企业开展直流安全风险管控各项工作。《要求》以防范人身伤亡、重大电网事故和重特大设备故障为导向，以确保直流输电系统安全稳定运行为目标，全面研究总结近年来我国直流输电系统运行经验和事故教训，协调电网企业不同技术路线及差异化经验做法，从直流近区电网安全、直流输电线路安全、直流输电设备安全、防止直流典型事故等4个方面，提出536条需要重点关注的技术与管理措施。

2022年12月，国家能源局发布《电力安全隐患治理监督管理规定》（以下简称《规定》）。《规定》明确电力企业主要负责人是本单位隐患排查治理的第一责任人，对隐患排查治理工作全面负责，组织建立并落实隐患排查治理制度机制，督促、检查本单位隐患排查治理工作，及时消除隐患。本次《规定》修订突出把握了两个重点。①全面落实新《安全生产法》。《安全生产法》中 32 次提到“隐患”，对隐患排查治理作出更加严格、更加细致的规定，是今后一段时期电力安全隐患排查监督管理的重要依据。②总结吸收成熟经验做法。重点结合《国家发展改革委办公厅国家能源局综合司关于进一步加强电力安全风险分级管控和隐患排查治理工作的通知》等文件以及电力企业、相关行业的一些典型经验做法，总结提炼后融入到修订稿中。

2022 年 12 月，国家能源局发布《电力行业网络安全等级保护管理办法》与《电力行业网络安全管理办法》。《电力行业网络安全等级保护管理办法》将电力行业网络划分为 5 个安全保护等级，开展网络安全等级保护工作，适用于电力企业在中华人民共和国境内建设、运营、维护、使用网络（除核安全外）。《电力行业网络安全管理办法》指出，电力企业不得委托在近 3 年内被行业部门通报有不良行为或被相关部门通报整改的网络安全服务机构。

2023 年 2 月，国家能源局发布的《关于加强电力可靠性管理工作的意见》（以下简称《意见》）指出，电力企业要建立电力可靠性全过程管理机制，加强专业协同，形成覆盖电力生产供应各环节的可靠性全过程管理机制。《意见》指出，电力企业要建立重要电力设备分级管理制度，构建设备标准化管理流程，打通上下游信息共享渠道，强化设备缺陷特别是家族性缺陷的排查治理，建立电力企业在设备选型、监造、安装调试、检修维护、退役等环节的全寿命周期管理机制。《意见》强调，电网企业要优化安排电网运行方式，做好电力供需分析和生产运行调度，强化电网安全风险管控，优化运行调度，确保电力系统稳定运行和电力可靠供应。发电企业要加强燃料、蓄水管控及风电、光伏发电等功率预测，强化涉网安全管理，科学实施机组深度调峰灵活性改造，提高设备运行可靠性，减少非计划停运。

2023 年 4 月，国家能源局起草了《关于加强新型电力系统稳定工作的指导意见（征求意见稿）》（以下简称《指导意见》），明确要夯实稳定物理基础、强化稳定管理体系、加强科技创新支撑。《指导意见》指出，完善合理的电源结构、构建坚强柔性电网平台、深挖电力负荷侧灵活性、科学安排储能建设。《指导意见》要求，加强电力系统规划、加强工程前期设计、加强电力装备管理、加强电力建设管理、加强电力设备运维保障、加强调度运行管理、加强电力市场管理、加强电力系统应急管理、加强电力监控系统安全防护。《指导意见》强调，攻关新型电力系统稳定基础理论、提升系统特性分析能力、强化系统运行控制能力、加强系统故障防御能力、加快重大电工装备研制、加快先进技术示范和推广应用、构建稳定技术标准体系。

1.2 南方五省（区）有关政策

1.2.1 电力并网及辅助服务管理

2022年6月，国家能源局南方能源监管局印发了《南方区域电力并网运行管理实施细则》《南方区域电力辅助服务管理实施细则》及配套专项实施细则（以下简称南方区域“两个细则”）。本次南方区域“两个细则”的修订主要体现在4个方面：①扩大电力并网运行新主体。新版南方区域“两个细则”新增了对新能源、新型储能、负荷侧并网主体等涉网安全管理、技术指导及管理要求。新增了电化学、压缩空气、飞轮储能等新型储能，直接与电力调度机构签订并网调度协议的直控型可调节负荷等负荷侧并网主体，以及自备电厂、抽水蓄能电站、更为广泛的地调调管主体，充分挖掘供需两侧的灵活调节能力，更加适应新型电力系统需求，促进能源低碳转型，推动落实碳达峰、碳中和目标。②丰富电力辅助服务新品种。新版南方区域“两个细则”为适应高比例新能源、高比例电力电子设备接入系统的安全保障和系统调节需要，平抑新能源间隙性、波动性对电力系统运行带来的扰动影响，提高系统频率、电压支撑，新增了稳定切机、稳定切负荷、转动惯量、调相、爬坡等电力辅助服务品种，激发并网主体提供电力辅助服务的积极性，进一步促进新能源消纳，提升电力系统可靠性和电能质量，更好地保障电力系统安全稳定与推动绿色低碳发展。③建立健全电力用户参与辅助服务分担共享等新机制。新版南方区域“两个细则”进一步完善辅助服务补偿分摊机制，建立健全电力用户参与的分担共享机制。原则上，为电力系统运行整体服务的电力辅助服务，补偿费用由发电企业、市场化电力用户等所有并网主体共同分摊；为特定并网主体或电力用户服务的电力辅助服务，补偿费用由相关并网主体或电力用户分摊。将以往仅可向下调节的用户可中断负荷，拓展到“能上能下”的用户可调节负荷（含聚合商、虚拟电厂等聚合形式），允许电力用户或聚合平台综合考虑用户侧负荷特性和用户储能装置、分布式电源布局，承担必要的辅助服务费用或按照贡献分享相应的经济补偿收益，通过灵活机制提升需求侧调节能力。电力辅助服务费用的分担共享新机制，是对原有电力系统生产运行成本疏导方式的结构调整，更加细化精准，更有利于调动各方积极性和降低系统运行总成本。此外，南方区域“两个细则”重新划分基本辅助服务和有偿辅助服务，完善跨省跨区配套机组补偿和分摊机制。④落实加强信息披露报送和监督管理等新要求。新版南方区域“两个细则”进一步细化信息披露与报送、监督管理制度。首先明确了电力调度机构和电力交易机构作为信息披露主体的职责，明确了披露原则、内容和时限等要求；其次，明确了电力调度机构开展并网运行和辅助服务管理过程中的报送要求。此外，新规创新监管方式，全面提升监管力度，建立常态化分级监督管理机制、不定期开展专项督查和重点监管、建立电力并网运行协调机制、考核补偿条款动态调整机制等，为南方区域“两个细则”落地提供有效监管环境。

1.2.2　碳达峰、碳中和

2022 年 7 月，广东发布《关于完整准确全面贯彻新发展理念推进碳达峰碳中和工作的实施意见》（以下简称《实施意见》），《实施意见》要求，从总体要求、推动经济社会发展全面绿色转型、强力推进产业结构调整、加快构建清洁低碳安全高效能源体系、实施重点领域节能降碳行动、加强绿色低碳科技创新、持续巩固提升生态系统碳汇能力、加强绿色交流合作、完善政策法规和市场体系、加强组织实施10个方面提出33条具体工作意见。《实施意见》指出，构建以新能源为主体的新型电力系统。优化电网建设，提高电网对高比例可再生能源的消纳和调控能力。加快推进源网荷储一体化，提高源网荷储协调互济能力。因地制宜推动综合能源示范，探索建设区域综合能源系统。加快调峰气电、抽水蓄能、新型储能等调节性电源建设。推进氢能“制储输用”全链条发展。

2023年2月，广东发布《广东省碳达峰实施方案》（以下简称《方案》），《方案》明确，坚决把碳达峰贯穿于经济社会发展各方面和全过程，扭住碳排放重点领域和关键环节，重点实施产业绿色提质、能源绿色低碳转型、节能降碳增效等“碳达峰十五大行动”。《方案》强调，严格合理控制煤炭消费增长，大力发展新能源。规模化开发海上风电，打造粤东、粤西两个千万千瓦级海上风电基地。积极发展分布式光伏发电，因地制宜发展生物质能，统筹规划垃圾焚烧发电、农林生物质发电、生物天然气项目开发。到2030年，风电和光伏发电装机容量达到7400万kW以上。《方案》指出，新增跨省跨区通道原则上以可再生能源为主。充分发挥市场配置资源作用，持续推进西电东送计划放开，推动西电与广东电力市场有效衔接，促进清洁能源消纳。到2030年，西电东送通道最大送电能力达到5500万kW。

2023年1月，广西发布《广西壮族自治区碳达峰实施方案》。提出到2025年，非化石能源消费比重达到30%左右；到2030年，非化石能源消费比重达到35%左右，单位地区生产总值二氧化碳排放下降确保完成国家下达的目标，与全国同步实现碳达峰。大力发展新能源。全面推进风电、光伏发电大规模开发和高质量发展，坚持集中式与分布式并举，建设一批百万kW级风电和光伏发电基地深度开发水电。全力推进大藤峡水利枢纽等在建大中型水利水电工程建设投产，加快八渡水电站等规划项目开工建设。

2022年12月，云南发布《关于完整准确全面贯彻新发展理念做好碳达峰碳中和工作的实施意见》（以下简称《意见》）。《意见》要求构建能源安全保障体系。坚持先立后破，强化风险管控，确保能源安全稳定供应。推动煤电向基础保障性和系统调节性电源转型，保障煤炭供应安全。合理调控石油消费，加强油气储备能力建设，提升终端燃油产品能效，加快天然气产供储销体系建设，加快推进页岩气、煤层气等非常规油气资源勘查、规模化开发。构建新型电力系统，积极推进“新能源＋储能”、电力源网荷储一体化和多能互补发展，实现能源管理数字化、智能化。统筹能源开发建设和生态环境保护。

2022 年 11 月，贵州发布《贵州省碳达峰实施方案》（以下简称《方案》），将碳达峰目标要求贯穿于经济社会发展全过程和各领域，重点实施能源绿色低碳转型、节能降碳增效、产业绿色低碳提升、城乡建设碳达峰、交通运输绿色低碳升级、循环经济助力降碳、绿色低碳科技创新、碳汇能力巩固提升、全民绿色低碳、各市（州）梯次有序碳达峰等“碳达峰十大行动”。《方案》提出加快建设新型电力系统。构建新能源占比逐渐提高的新型电力系统，增强清洁能源资源优化配置能力。大力提升电力系统综合调节能力，加快灵活调节电源建设，制定需求侧响应体制机制，引导自备电厂、传统高载能工业负荷、工商业可中断负荷、电动汽车充电网络、虚拟电厂等参与系统调节，建设坚强智能电网，提升电网安全保障水平。落实新能源企业同步配套建设储能设施要求，推动电网更好适应大规模集中式和分布式能源发展，提高新能源消纳存储能力。

2023 年 1 月，贵州发布《贵州省能源领域碳达峰实施方案》（以下简称《方案》），提出到 2025 年，全省风电和光伏发电规模分别达到 1080 万、3100 万 kW；到 2030 年，力争风电和光伏发电总装机规模达到 7500 万 kW。《方案》提出，到 2025 年，能源安全保障能力持续增强，能源绿色低碳发展成效显著。非化石能源消费比重达到 20%左右、力争达到 21.6%，新型电力系统建设稳步推进，新能源占比逐步提高，电能占终端用能比重达到 30%左右，能源生产环节持续降碳提效，能源利用效率大幅提升，为实现碳达峰、碳中和奠定坚实基础。到 2030 年，清洁低碳安全高效的现代能源体系初步形成，新型电力系统建设取得重要进展，非化石能源消费比重达到25%左右，电能占终端用能比重达到35%左右，能源绿色低碳技术创新能力显著增强，能源转型体制机制更加健全。

2022年8月，海南印发《海南省碳达峰实施方案》，从总体要求、总体目标、重点任务、绿色低碳示范引领专项工程、政策保障、组织实施6个方面部署26项具体工作安排。《方案》提出建设安全高效清洁能源岛，高比例发展非化石能源。着力优化能源结构，大力发展风、光、生物质等可再生能源，高效安全、积极有序发展核电，不断提高非化石能源在能源消费中的比重。坚持分布式与集中式并举，加大分布式光伏应用，推广光伏建筑一体化应用，按照农光互补、渔光互补、林光互补模式有序发展集中式光伏，配套建设储能设施。积极发展海上风电。推进城市垃圾和农林废弃物等生物质发电建设。

1.2.3 “十四五”能源电力相关规划

2022年4月，广东印发《广东省能源发展“十四五”规划》（以下简称《规划》），《规划》提出到2025年能源综合生产能力达到1亿t标准煤，省内电力装机总量达2.38亿kW，西电东送最大送电能力达到4500万kW（送端），非化石能源消费比重力争达到32%以上，非化石能源装机比重提高至49%左右，电能占终端用能比重达到38%左右；展望2035年，能源高质量发展取得决定性进展，能源消费总量控制在48亿t标准煤以内，非化石能源消费比重争取提升至40%左右。《规划》从发展环境、总体要求和发展目标、着力推动能源绿色低碳转型、着力增强能源安全供给保障、着力加快能源科技创新、着力推动能源产业集聚发展、着力提升能源现代化治理水平、着力加强能源开放合作、环境影响评价以及保障措施等10个方面部署23项重点任务。《规划》要求稳步实施粤港澳大湾区目标网架建设，构建以粤港澳大湾区500kV外环网为支撑、珠三角内部东西之间柔性直流互联的主网架格局。完善区域网架结构，加快珠三角负荷中心输变电工程和送电通道建设。统筹优化海上风电、核电等电源基地送出通道规划建设。全面加强城乡配电网建设，提高农村电网的供电可靠性和供电质量。提升电网智能化水平，保障源网荷储的智能灵活互动。加快建设“重点保障、局部坚韧、快速恢复”的坚强局部电网，建成完善“本地电源分布平衡、应急自备电源托底、应急移动电源补充”的负荷中心和特大型城市应急保安电源。

2022 年 6 月，广西印发《广西可再生能源发展“十四五”规划》（以下简称《规划》），从发展基础和形势、总体要求、主要任务、保障措施、环境影响分析 5 个方面部署 17 项工作举措。《规划》要求加快建设可再生能源存储调节设施，加强智能化电网基础设施支撑，提升电力系统对高比例可再生能源的适应能力，推动可再生能源电力就地就近消纳。积极推广可再生能源多元化开发利用，加强乡村可再生能源综合利用，多措并举提升可再生能源利用水平。要求加快建设适应可再生能源大范围配置的坚强输电网，提高配电网新能源消纳支撑能力，优化完善支持新能源高效利用的电力系统调度体系。

2022 年 9 月，广西发布《广西能源发展“十四五”规划》，提出持续推进电网体制机制改革。推进地方电网与主电网多形式融合发展，加强电网互联，统一规划、统一规范管理、统一技术标准、统一市场机制，推动地方电网参与全区电力市场化交易，努力实现全区城乡用电“一张网”。推动独立供电区域体制改革。规范电力交易调度机构运营。持续深化电网企业主辅分离、厂网分离改革，支持多元化社会资本投资抽水蓄能电站建设。稳步开展增量配电网建设，深化配售电改革，进一步向社会资本放开售电和增量配电业务，激发存量供电企业活力。

2022 年 12 月，云南发布《云南省绿色能源发展“十四五”规划》（以下简称《规划》），《规划》深入总结了“十三五”能源发展成就、存在问题，系统探讨了“十四五”云南能源发展形势，具体阐明了云南能源实现绿色高质量发展的指导思想、发展目标、重点任务、保障措施。提出着力打造“一基地三示范一枢纽”，科学预测了“十四五”能源发展主要目标，并以建成以绿色为核心竞争力的高质量现代能源产业体系为远景发展目标。到2025年，全省能源产业销售收入力争达到5200亿元，绿色能源工业增加值占全省GDP的比重达到6%左右，绿色能源投资力争达到4500亿元，全省能源综合生产能力达到2亿t标准煤左右。电力总装机1.6亿kW以上，其中绿色能源装机1.4亿kW以上，发电能力达到5000亿kWh以上，非化石能源消费比重比2020年提高4个百分点以上，二氧化碳排放强度明显下降，原煤产量达到9000万t/年，力争16个州（市）重点城市用上管道天然气。能源消费总量及强度“双控”控制在国家下达目标内，完成碳排放总量和强度“双控”阶段性目标任务。

2022年4月，贵州印发《贵州省新能源和可再生能源发展“十四五”规划》（以下简称《规划》），提出预计到2025年，贵州省新能源和可再生能源利用总量折合标煤约4048万t，非化石能源消费占比提高到21.6%。《规划》从积极拓展光伏发电多元化产业布局、稳步推进风电协调发展、因地制宜开发生物质能、加快发展地热能产业、推进核能开发进度、促进新能源和可再生能源消纳、加强新能源和可再生能源直接利用、扩大乡村可再生能源综合利用、推进可再生能源技术革命9个方面部署重点任务。《规划》要求加强电网基础设施建设及智能化升级，提升电网对新能源和可再生能源的支撑保障能力。加强新能源和可再生能源富集地区电网配套工程及网架建设，提升关键局部断面送出能力，支撑可再生能源在区域内统筹消纳。推动配电网智能化升级，提升配电网柔性开放接入能力、灵活控制能力和抗扰动能力，增强电网就地就近平衡能力，构建适应大规模分布式新能源并网和多元负荷需要的智能配网。

2022年10月，贵州发布《贵州省能源数字化“十四五”规划》及《贵州省能源数字化“十四五”规划实施方案》，在电力领域提出了7个主要任务。①加快建设智能电厂；②“智能电厂+5G”，建设智能电厂5G组网和接入方案；③“智能电网+5G”，形成一批“智能电网+5G”典型应用场景；④实现电网协调发展，建设安全可靠高效的数字电网；⑤推动电动汽车充换电基础设施建设和运营；⑥打造电力数字化平台；⑦构建以新能源为主体的新型电力系统。

1.2.4　储能发展相关政策

2022 年 2 月，国家能源局南方监管局发布《关于加强南方区域新型储能发展应用监管工作的通知》（以下简称《通知》）。《通知》要求，广东、广西、海南省（区）能源主管部门加快出台本地区新型储能专项规划或发展方案，明确新型储能布局、目标和重点任务。支持各类储能技术、调控技术攻关，充分考虑建设大容量、长时储能、综合应用的示范项目。支持储能项目作为新型、特殊的独立市场主体身份参与各类电力市场。《通知》指出，明确新型储能参与一次调频、二次调频、深度调峰等辅助服务的具体规则。推动完善新型储能参与电力市场的价格形成机制，明确相关辅助服务费用向用户侧疏导。完善电源侧储能的补偿机制，支持火电等常规电源联合新型储能参与调峰、调频、备用等辅助服务，提高新能源配置储能的补偿力度。支持电网侧独立储能电站以“共享储能”模式或直接参与电力市场方式拓展商业模式。

2023 年 9 月，广东发布《广东省促进新型储能电站发展若干措施》（以下简称《若干措施》），从拓展多元化应用、强化政策支持、健全运营调度机制、规范项目建设管理、强化协调保障 5 个方面提出 25 条措施，促进新型储能电站规模化有序发展，助力将新型储能产业打造成为战略性支柱产业。《若干措施》提出，推进新能源发电配建新型储能，2022 年以后新增规划的海上风电项目以及 2023 年 7 月 1 日以后新增并网的集中式光伏电站和陆上集中式风电项目，按照不低于发电装机容量的 10%、时长 1h 配置新型储能，后续根据电力系统相关安全稳定标准要求、新能源实际并网规模等情况，调整新型储能配置容量。争取到 2025 年，全省新能源发电项目配建新型储能电站规模 100 万 kW 以上，到 2027 年达到 200 万 kW 以上，“十五五”期末达到 300 万 kW 以上。

2023年5月，广东发布《关于印发广东省独立储能电站建设规划布局指引的通知》（以下简称《通知》），《通知》要求以满足电力系统调节需求为导向，引导独立储能电站科学布局建设，重点在新能源富集送出区域和负荷中心区域布局建设。鼓励引导社会投资主体优化独立储能项目选址布点，合理确定建设规模，有序推进建设，促进新型储能与新型电力系统各环节有机融合、协调发展，提升电力系统综合效率，支撑新型储能产业高质量发展。对于新能源富集地区，为近区新能源提供租赁服务，使新能源场站具备国家和行业标准要求的装机容量10%的一次调频能力，保障系统安全稳定运行，为新能源增加电量时移调节能力。独立共享储能电站接入点应在新能源场站公共并网点或有多个新能源场站接入的公共汇集点，单个项目规模可在3万～15万kW。对于负荷中心地区：①在峰谷差大、输电走廊和站址资源紧张、负载率高但尖峰负荷短的负荷中心地区合理布局独立储能电站；②在受端电网、多直流落点近区合理布局独立储能电站，用于支撑电力系统频率、电压稳定，提高电网安全稳定水平。独立储能电站接1h，优先考虑以220kV电压等级接入电网。

2023年6月，广东发布《关于新能源发电项目配置储能有关事项的通知》（以下简称《通知》），《通知》提出新能源发电项目可采用众筹共建（集群共享）、租赁或项目自建等方式落实储能配置。《通知》要求凡需配置储能的新能源发电项目，应在其核准（备案）文件“建设内容”中明确储能配置方式、配置容量等，其中新增核准（备案）新能源发电项目，应在其首次核准（备案）时进行明确；已核准（备案）未并网新能源发电项目，应于6月底前完成核准（备案）变更。对在建或已建成投产新能源发电项目，如需改变储能配置方式或容量，项目单位应及时办理核准（备案）变更手续。

2022年9月，广西发布《关于印发推进广西集中共享新型储能示范建设的通知》，要求集中共享新型储能示范项目应符合国家的有关要求和相关规划布局，有助于新能源开发与消纳，有效提高电力系统整体调节能力。示范项目单个项目装机规模原则上不低于10万kW，额定功率下连续放电时间不低于 2h，利用自有场地建设的项目根据场地条件，装机规模可适当降低，但不应低于 5 万 kW。

2023 年 4 月，广西发布《加快推动广西新型储能示范项目建设的若干措施（试行）》（以下简称《若干措施》）。内容涉及容量租赁机制、辅助服务补偿、健全价格机制。广西首批 12 个集中共享新型储能示范项目，总规模 1.62GW、3.64GWh。《若干措施》鼓励新能源项目通过租赁示范项目容量的方式配置储能，年容量租赁费参考区间为 160～230 元/kWh。并鼓励容量租赁协议或合同的期限和新能源项目全寿命周期相匹配。新型储能示范项目参与调峰辅助服务的补偿标准为 396 元/MWh。已通过容量租赁方式完成储能配置要求的并网新能源项目，暂不参与调峰辅助服务费用分摊。在示范项目未参与电力市场交易前，充电电量用电价格暂按电网企业代理购电工商业单一制电价执行，并执行峰谷分时电价；放电时上网电价暂参照广西燃煤发电平均基准价 0.420 7 元/kWh 执行。在示范项目参与电力市场交易后向电网送电的，其相应充电电量不承担输配电价和政府性基金及附加。

2022 年 12 月，海南发布《海南省“十四五”新型储能发展规划》，提出到 2025 年，全省新型储能规模约 300 万 kW，实现新型储能由示范应用步入规模商业化发展阶段。市场环境和商业模式基本成熟，市场机制基本健全，产业体系日趋完备，电源侧、电网侧、用户侧等新型储能技术初步应用，基本满足构建新型电力系统需求。到 2030 年，全省新型储能规模约 500 万 kW，实现新型储能全面市场化发展。市场机制、商业模式、标准体系、产业体系成熟健全，新型储能与电力系统各环节深度融合发展，全方位满足构建新型电力系统需求。

2022 年 12 月，海南发布《海南省“十四五”新型储能建设工作方案（试行）》（以下简称《工作方案》）。提出大力发展电源侧新型储能、有序发展电网侧新型储能、灵活发展用户侧新型储能、协同发展“源网荷储”一体化、推进新型储能技术示范应用、培育发展新型储能产业基地、推动新型储能市场化建设、推广独立共享储能商业模式、加强新型储能项目管理等 9

项重点任务。《工作方案》提出到2025年，全省布局建设新型储能规模不低于300万kW，实现新型储能由示范应用步入初步规模商业化发展阶段。市场环境和商业模式初步建立，电源侧、电网侧、用户侧等新型储能技术初步应用，基本满足构建新型电力系统需求。

1.2.5 上网电价及电力市场化相关政策

2022年8月，国家能源局云南监管办印发《云南黑启动辅助服务市场交易规则（征求意见稿）》。电网企业要保障输配电设施的安全稳定运行，按电力调度运行相关管理规定，服从电力调度机构的统一调度，建设、运行、维护和管理电网设备及其配套技术支持系统；按规定提供计量和费用结算服务；遵守法律法规规定的其他权利和义务。

2022年9月，南方能源监管局会同云南、贵州能源监管办印发《跨省跨区送电参与南方（以广东起步）电力现货市场偏差处理办法（试行）》（以下简称《办法》）。《办法》明确了跨省跨区送电偏差处理的目的依据、适用阶段、适用范围和实施安排原则，以及跨省跨区送电参与现货市场的方式和省间调度计划安排执行、偏差电量的计算认定和结算价格、省间与省内结算机制和时序衔接。

2022年4月，广东印发《广东省市场化需求响应实施细则（试行）》（以下简称《实施细则》）。《实施细则》明确，响应资源指大用户直属或负荷聚合商代理的具备负荷调节能力的资源。包括传统高载能工业负荷、工商业可中断负荷、用户侧储能、电动汽车充电设施、分布式发电、智慧用电设施等。《实施细则》要求研究出台各类资金支持政策引导用户侧储能、用户负控装置及配套技术支持系统的建设。

2022年8月，广西发布《关于进一步完善我区峰谷分时电价有关事项的通知》，明确，暂停实施2022年7—9月尖峰电价，优化峰谷时段划分，将峰、平、谷时长由每日各8h调整为6、12、6h。各电网企业要于2023年2月28日前完成计费系统和所有执行范围内用户分时计量装置的调整、调试工作，于 2023 年 3 月 1 日起统一按上述时段划分执行。

2022 年 12 月，云南发布《云南省燃煤发电市场化改革实施方案（试行）》（以下简称《方案》）。《方案》提出，设立燃煤发电调节容量市场。按照各类电源、用户对调节能力和系统容量的不同需求差异化分摊调节容量成本，逐步建立与系统负荷曲线一致性相挂钩的调节容量市场交易机制。先期鼓励未自建新型储能设施或未购买共享储能服务达到装机规模 10%的风电和光伏发电企业（含已建成项目），自行向省内燃煤发电企业购买系统调节服务。燃煤发电企业最大发电能力和最小发电能力之间的可调节空间参与调节容量市场交易，试行期先按烟煤无烟煤额定装机容量的 40%参与燃煤发电调节容量市场交易（褐煤发电企业暂不参与），并根据市场供需变化动态调整。

2023 年 4 月，云南印发《关于云南省光伏发电上网电价政策有关事项的通知》（以下简称《通知》）。《通知》明确，对 2021 年 1 月 1 日—2023 年 7 月 31 日全容量并网的，上网电量执行燃煤发电基准价。2023 年 8 月 1 日—12 月 31 日全容量并网的，月度上网电量的 80%执行燃煤发电基准价，月度上网电量的 20%可选择自主参与清洁能源市场化交易或执行清洁能源市场月度交易均价。2023 年 5 月 1 日—12 月 31 日清洁能源市场月度交易均价与执行燃煤发电基准价之间的差额，85%暂由电力成本分担机制承担。

2023 年 4 月，贵州发布《贵州省电力需求响应实施方案（征求意见稿）》，要求负荷聚集商聚合的单个虚拟电厂响应能力不低于 0.1 万 kW，单个需求响应资源响应能力不低于 0.01 万 kW，响应时长均不低于 1h。需求响应资源包括工业生产、充电桩、制冷、制热等灵活调节资源。

1.2.6 农村电网巩固提升

2023 年 2 月，广东发布《广东省加快农村能源转型发展助力乡村振兴实施方案》（以下简称《方案》）。《方案》指出，构建强简有序、灵活可靠的配电网架构，持续强化配电网建设。补齐电网薄弱地区供电短板，进一步改善革命老区电网结构，支持革命老区清洁能源转型，实施农村电网巩固提升工程。提升乡村振兴供电保障水平，推进农村电力基础设施提档升级，打造新型城镇化配电网示范区和现代化农村电网示范县等，提升乡村电气化水平，服务农业农村现代化和产业升级建设。《方案》要求，加快推进32个整县（市、区）推进屋顶分布式光伏发电项目建设，并以此为抓手，探索县域清洁能源规模化开发新模式，加快形成绿色低碳生产生活方式。

2022年5月，广西印发《广西“十四五”农村电网巩固提升规划》（以下简称《规划》），从发展成效、存在问题、面临形势、总体要求、主要任务、重大布局、试点示范工程等13个方面部署重点任务。《规划》要求大力推进农村电网薄弱地区补短板，积极推进农村可再生能源配套电网建设改造，持续提升乡村振兴供电保障水平，加快提高农村电网智能化水平，进一步理顺电网供电管理体制。要求合理安排一批110kV输变电工程、科学布局一批35kV输变电工程以及10kV及以下电网项目。开展分布式新能源消纳能力提升、农村智能电网标杆、城乡供电均等化以及智能微电网等示范工程。

2022年9月，广西印发《加快广西农村能源转型发展助力乡村振兴的实施方案》，提出要加快实施农村电网巩固提升工程、加快补齐农村电网发展短板、支撑农村可再生能源发展、提升乡村振兴供电保障水平。要持续推进主要供电指标未达标地区、原国家扶贫开发工作重点县、乡村振兴重点帮扶县、左右江革命老区、边境地区的电网巩固提升，重点解决现有电网供电能力不足和供电质量差等短板。推进适应农村可再生能源快速发展、大量接入的配套电网建设和改造。加快实施特色产业配套电网建设，持续提高农村户均配变容量，提升农户使用节能高效用电设备的供电能力。

2022年10月，广西发布《广西乡村建设行动实施方案（2022—2025年）》，提出实施乡村清洁能源建设工程。巩固提升农村电力保障水平，推进城乡配电网建设，提高边远地区供电保障能力。持续保障农村电网基础设施资金投入，2022—2025年分别完成投资85亿、90亿、85亿、80亿元。

发展太阳能、风能、水能、地热能、生物质能等清洁能源，在条件适宜地区探索建设多能互补的分布式低碳综合能源网络。加快实施“千乡万村驭风行动”，因地制宜推进乡村小容量、低电压等级的分散式风电开发建设。启动“千家万户沐光行动”，有序开展整县（市、区）屋顶分布式光伏开发利用，巩固光伏扶贫工程成效。

1.2.7 可再生能源有关政策

2022 年 11 月，南方能源监管局会同云南、贵州能源监管办印发《关于加强南方区域清洁能源消纳监管的通知》（以下简称《通知》）。《通知》共 4 个部分 10 条。《通知》明确，加强对清洁能源消纳监测预警情况的监管，加强对清洁能源科学调度、公平调度的监管，加强对清洁能源跨省（区）消纳情况监管，加强对清洁能源消纳信息披露和规范统计情况的监管。

2022 年 3 月，广西印发《关于进一步简化可再生能源发电项目上网电价管理方式的通知》，要求对国家发展改革委已制定标杆上网电价的风电、光伏发电、生物质发电（含农林生物质、垃圾焚烧发电、垃圾填埋气发电、沼气发电）、太阳能热发电等可再生能源发电项目，由各电网企业根据国家有关规定支付上网电费和兑付补贴资金。

2022 年 3 月，广西印发《广西壮族自治区加快推进既有陆上风电、光伏发电项目及配套设施建设方案》（以下简称《建设方案》），《建设方案》指出，从加快项目前期工作、简化项目并网手续、加快推进项目建设、加快配套调节能力建设、完善市场机制、加强项目事中事后监管 6 个方面部署 18 项工作方案。《建设方案》要求，新能源项目送出线路工程、汇集线路工程，以及 220kV 及以下汇集站和汇集站送出工程优先由电网企业建设；500kV 汇集站、汇集站送出 500kV 线路，以及公共电网为确保新能源接入和消纳所需配套的新建、改造输变电工程由电网企业建设。电网企业按照“能并尽并”原则，做好具备并网条件的风电、光伏发电项目的并网服务工作，保障及时并网。

2023年3月，广西发布《广西壮族自治区清洁能源消纳原则（试行）（修订征求意见稿）》，指出要充分发挥市场在资源配置中的决定性作用，以发电量交易、发电权交易等方式促进清洁能源的充分利用，引导市场交易结果逐步趋近清洁能源最大化消纳目标。风电、光伏超过等效上网电量的电量参与市场化交易。充分运用并进一步完善电力辅助服务市场交易机制，继续推进煤电机组深度调峰、启停调峰，引导火电企业进行热电解耦灵活性改造。

2022年3月，云南印发《关于加快光伏发电发展若干政策措施》（以下简称《政策措施》），从全面有序放开、强化要素保障、实行市场化资源配置、实行快审快批、限期完成项目建设、保障接网消纳以及建立健全机制等7个方面部署12项政策举措。《政策措施》要求电网企业按照光伏发展项目规划同步开展前期工作，公示接入点、容量空间和承诺办理时限。电网企业要加快项目配套接网工程建设，与光伏发电项目建设做好充分衔接，实现同步并网、就近接入、就地消纳，优先安排发电，确保电量全额消纳。建立可再生能源配额消纳机制，积极开展绿色电力交易，推进电力现货市场建设，以“配额＋市场＋电网兜底”模式，保障电量消纳。

2022年6月，云南印发《云南省光伏产业发展三年行动（2022－2024年）》（以下简称《行动》）和《关于支持光伏产业发展的政策措施》（以下简称《政策措施》），从优化产业布局、延链补链强链、绿色低碳发展、创新能力提升、强化组织实施保障等5个方面部署12项行动举措。《行动》要求相关州、市在履行各项审批手续前，要认真分析评估对能耗双控、碳排放、产业高质量发展、环境质量和电力供需形势的影响。要推动产业布局、能源发展、电网建设协同规划，合力推进重点光伏产业园区配套电网工程建设。对参与绿色电力交易的企业，提供绿色用电凭证，打造零碳品牌。鼓励有条件的配售电企业依法依规代理企业电力市场化交易。《政策措施》从延链补链强链项目建设、打造绿色低碳光伏产业园区、技术创新和核心技术群研发、企业降本增效和开拓国际市场4个方面部署13条具体政策措施。

2022年7月，贵州发布《关于下达贵州省2022年风电光伏发电年度建设规模项目的通知》，明确为推进贵州省新能源产业健康有序发展，制定了贵州省 2022 年风电光伏发电年度建设规模，总装机 1435.3 万 kW，其中风电 542.1 万 kW，光伏发电 893.2 万 kW。拟接入贵州电网 1295.3 万 kW，接入万峰电力地方电网 140 万 kW。

2022 年 1 月，海南印发《关于开展 2022 年度海南省集中式光伏发电平价上网项目工作的通知》（以下简称《通知》），对项目组织实施范围、申报条件、申报流程做出规定。《通知》提出集中式光伏发电平价上网项目应采取农光互补、渔光互补等模式进行建设。单个申报项目规模不得超过 10 万 kW，且同步配套建设不低于 10%的储能装置。

2022 年 7 月，海南发布《关于进一步简化可再生能源发电项目上网电价管理方式的通知》，要求对国家发展改革委已制定标杆上网电价的陆上风电、光伏发电、生物质发电等可再生能源发电项目，由电网企业根据国家有关规定支付上网电费和兑付补贴资金，省发展改革委不再逐个批复。

第 2 章

电网发展基础

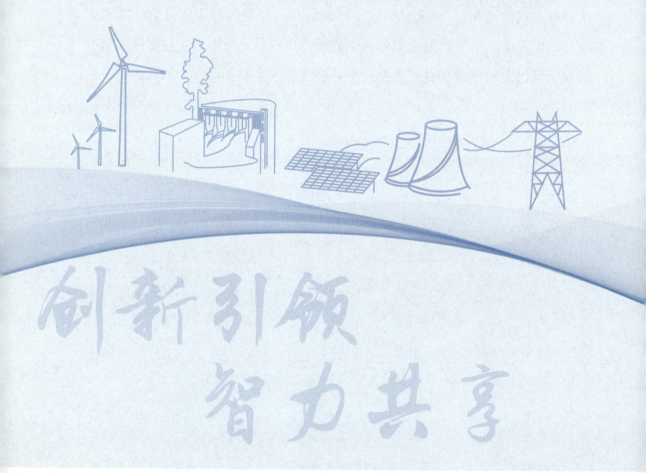

创新引领 智力共享

2.1 电力需求

2.1.1 用电量

用电量增速有所放缓。2022年，南方五省（区）全社会用电量14 745亿kWh，同比增长1.5%，增速同比回落9.6个百分点，低于全国水平2.1个百分点。2015—2022年南方五省（区）全社会用电量情况如图2-1所示。

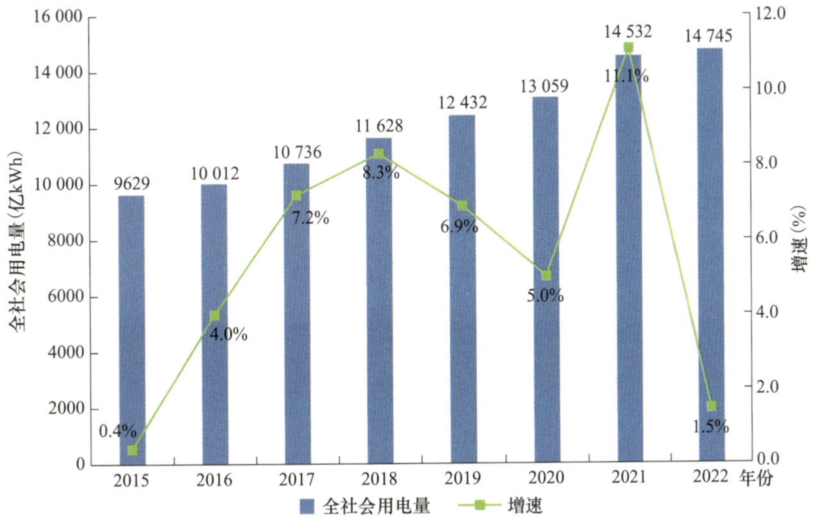

图2-1 2015—2022年南方五省（区）全社会用电量及增速

三次产业和居民用电量平稳增长，但增速较上年大幅回落。2022年，南方五省（区）第一产业用电量255.6亿kWh，同比增长6%，增速同比回落12.9个百分点；第二产业用电量9060亿kWh，同比增长0.2%，增速同比回落8.2个百分点；第三产业用电量2839亿kWh，同比增长3.4%，增速同比大幅回落18.6个百分点；居民生活用电量2590亿kWh，同比增长3.4%，增速同比回落6.2个百分点。

第三产业和居民生活用电量占比持续提升。2022年，南方五省（区）

第一产业用电量占全社会用电量的1.7%，比上年提高0.1个百分点；第二产业用电量占比61.4%，比上年下降0.8个百分点；第三产业用电量占比19.3%，比上年提升0.4个百分点；居民生活用电量占比17.6%，比上年提升0.3个百分点。2022年南方五省（区）用电量结构如图2-2所示。

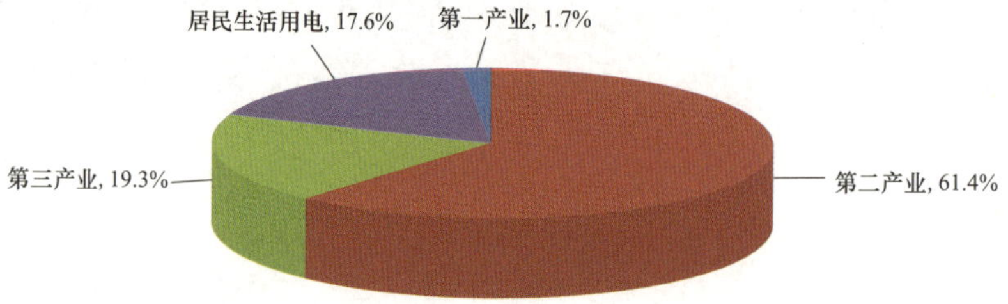

图2-2　2022年南方五省（区）用电量结构

广西用电量略有下降，其他四省用电量均实现正增长。2022年，广东全社会用电量7870.3亿kWh，同比增长0.1%，增速同比回落13.5个百分点；广西全社会用电量2216.9亿kWh，同比下降0.9%，增速同比回落11.2个百分点；云南全社会用电量2389.5亿kWh，同比增长10.5%，增速同比提升4.9个百分点；贵州全社会用电量1744亿kWh，同比增长0.1%，增速同比回落9.8个百分点；海南全社会用电量415.5亿kWh，同比增长2.5%，增速同比回落9.3个百分点。

云南用电量占比上升，广东、广西、贵州用电量占比下降。2022年，广东全社会用电量占南方五省区的53.8%，比上年下降0.9个百分点；广西占比15.1%，比上年下降0.4个百分点；云南占比16.3%，比上年提升1.4个百分点；贵州占比11.9%，比上年下降0.2个百分点；海南占比2.8%，与上年持平。2015—2022年南方五省（区）用电量分布如图2-3所示。

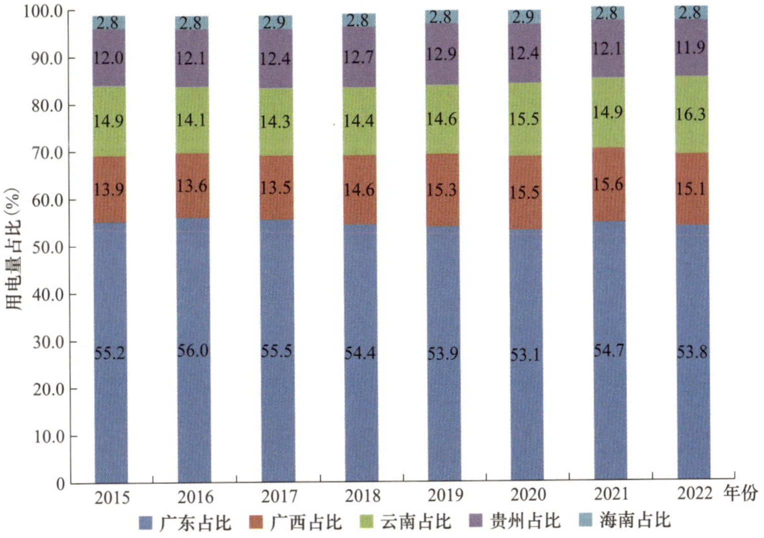

图 2-3　2015—2022 年南方五省（区）用电量分布

2.1.2　最大负荷

全网最大负荷持续小幅增长，各省区负荷增速分化较大。2022 年，南方五省（区）全社会最大负荷达到 24 130 万 kW，同比增长 2.9%，增速同比降低 3.8 个百分点。广东、云南两省（区）受疫情逐渐减弱、省内经济回暖、夏季持续高温天气等因素的影响，全省（区）用电负荷有较大幅度增长；受国内外宏观经济以及负荷管理等因素的影响，广西、贵州、海南三省（区）最高负荷出现回落。2022 年，广东全社会最高负荷 14 650 万 kW，同比增长 6.5%，增速同比提升 0.6 个百分点；广西全社会最高负荷 3730 万 kW，同比下降 2.6%，增速同比下降 11.1 个百分点；云南全社会最高负荷 3740 万 kW，同比增长 7.8%，增速同比下降 3.6 个百分点；贵州全社会最高负荷 3100 万 kW，同比下降 5.2%，增速同比下降 12.1 个百分点；海南全社会最高负荷 760 万 kW，同比下降 1.3%，增速同比大幅下降 25.5 个百分点。从时间分布上看，广东、海南最大用电负荷出现在夏季，广西、云南、贵州最大负荷出现在冬季。2022 年南方五省（区）全社会最高用电负荷及其增速如图 2-4 所示。

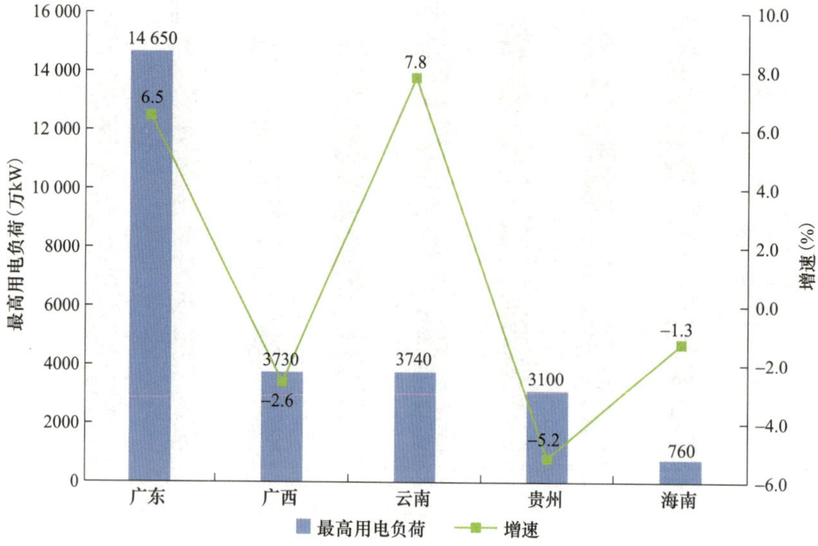

图 2-4　2022 年南方五省（区）全社会最高用电负荷及其增速

2.2　电力供应

2.2.1　总体情况

2.2.1.1　装机容量

发电装机容量稳步增长，占全国比重维持在 17.1%左右。在“双碳”目标的驱动下，新能源发展提速，带动电源装机快速增长。2022 年，南方五省（区）电源总装机规模达到 44 061.3 万 kW，同比增长 8.5%，增速同比提高 2 个百分点。2015—2022 年南方五省（区）发电装机容量及增速如图 2-5 所示。

分省（区）来看，各省（区）发电装机容量均呈增长态势，广西和海南增速最快。2022 年，海南发电装机容量 1307.4 万 kW，同比增速 23.8%，增速居五省（区）第一；广西发电装机容量 6276.7 万 kW，同比增速 13.4%；广东、云南、贵州发电装机容量分别达到 17 212.5 万、11 177.4 万、8087.3

万 kW，增速分别达到 8.5%、5.1%、6.8%。2022 年和 2021 年分区域发电装机容量及增速如图 2-6 所示。

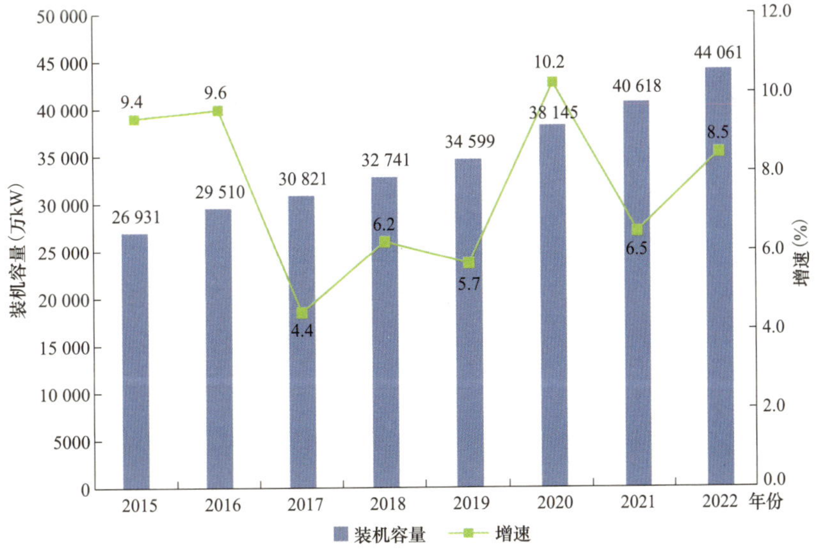

图 2-5　2015—2022 年南方五省（区）发电装机容量及增速

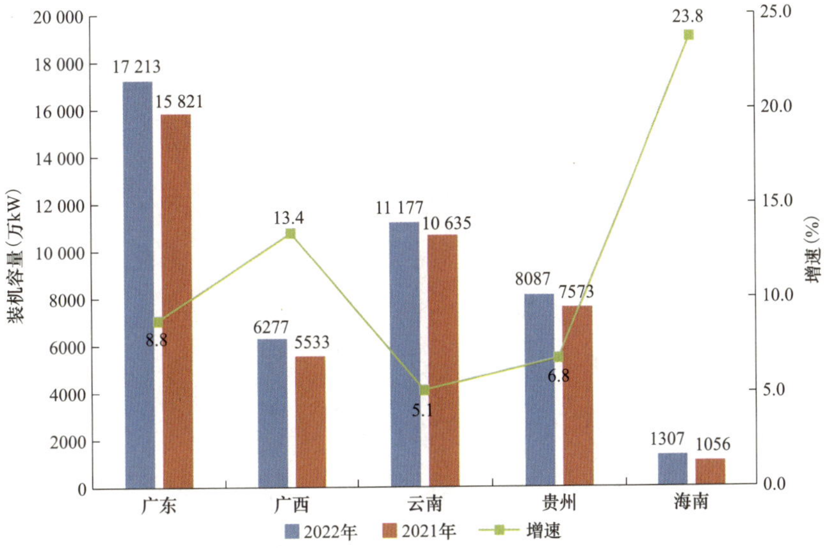

图 2-6　2022 年和 2021 年分区域发电装机容量及增速

分类型来看，南方五省（区）电源装机逐步向风光水火核等多元化供电体系发展，非化石能源装机占比高于全国平均水平。近年来，南方五省

（区）加快风光等新能源发展，稳步推进核电建设，发电装机结构不断优化，清洁化水平不断提升，2015－2022年南方五省（区）全社会电源结构如表2-1所示。

表2-1　2015—2022年南方五省（区）全社会电源结构　单位：万kW

项目名称	2015年	2016年	2017年	2018年	2019年	2020年	2021年	2022年
五省（区）总计	26 931	29 510	30 821	32 741	34 599	38 145	40 618	44 061
(1) 水电	10 929	11 344	11 669	12 268	12 507	13 336	13 762	14 324
(2) 火电	13 407	14 864	15 049	15 411	15 953	16 963	17 680	18 714
(3) 核电	1003	1285	1394	1677	1961	1961	1961	1961
(4) 风电	1255	1468	1707	1842	2078	2708	3446	3836
(5) 太阳能	220	416	827	1291	1745	2590	3013	4361
(6) 生物质	117	133	177	251	355	587	757	860

2022年，南方五省（区）非化石能源发电装机规模达到25 347万kW，占总装机容量的57.9%，比全国平均水平高8.3个百分点，其中水电、核电、风光占比将分别达32.5%、4.5%、18.6%。2015－2022年南方五省（区）各类别电源装机占比如图2-7所示。

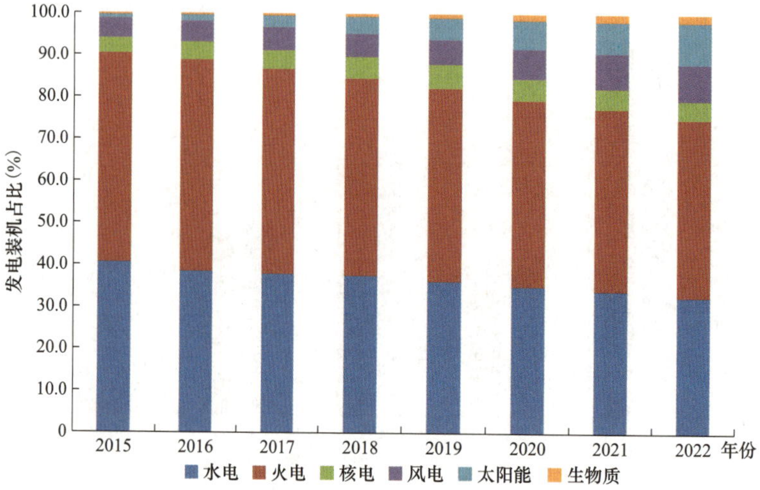

图2-7　2015—2022年南方五省（区）各类别电源装机占比

2.2.1.2　发电量

发电量保持稳步增长，增速有所回落。随着经济发展进入新常态，2018

年以来南方五省（区）全社会发电量减速换挡但总体仍延续稳步增长趋势。2021年经济恢复态势向好，全社会用电量大增。2022年受新冠疫情和上年较高基数等因素影响，全社会用电量增速同比有所降低，南方五省（区）全社会发电量达到15 011亿kWh，同比增长1.9%，增速同比降低8.5个百分点。2015—2022年南方五省（区）发电量及增速如图2-8所示。

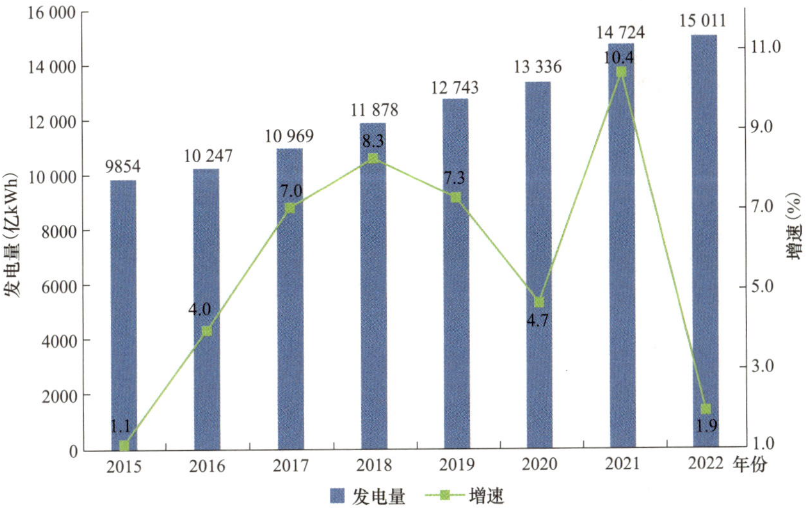

图2-8 2015—2022年南方五省（区）发电量及增速

分省（区）来看，贵州发电量同比下降，其他省（区）全社会发电量均呈增长态势，增速同比有所放缓，其中云南和海南发电量增速最快。2022年，云南发电量4009亿kWh，同比增长6.5%；海南发电量409亿kWh，同比增长4.8%；广东、广西、贵州发电量分别达到6229亿、2023亿kWh和2335亿kWh，增速分别达到1.2%、0.8%和-3%，2022年和2021年分区域发电量及增速如图2-9所示。

水电和火电发电量仍占主导，风电和光伏发电量增长迅速，非化石能源发电量达到52.7%，处于国内领先水平。2022年，南方五省（区）水电和火电发电量达到12 051亿kWh，占总发电量的80.3%，同比下降1个百分点，仍占据主导地位；火电发电量下降至7107亿kWh，同比下降4.8%，占比47.3%；核电发电量保持稳定，达到1431亿kWh，占比

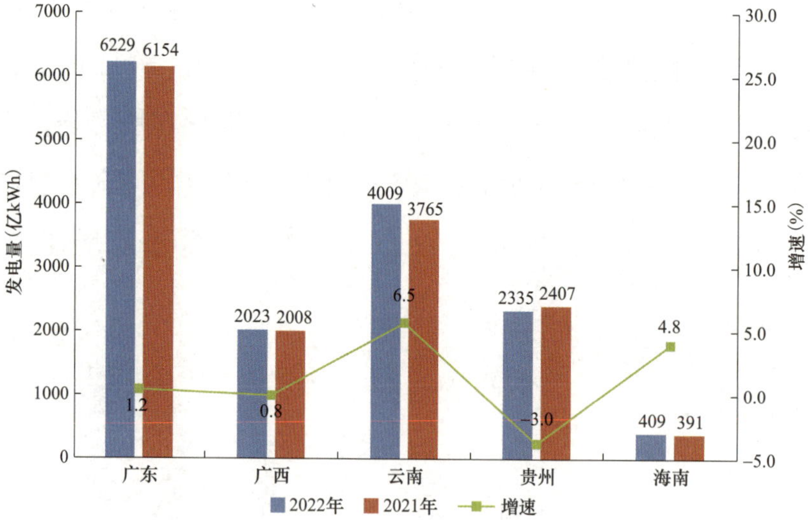

图2-9　2022年和2021年分区域发电量及增速

9.5%；风光发电量快速增加，达到1160亿kWh，同比增长26.4%，占比达到7.7%，成为增量电力供应的重要来源。2022年，南方电网非化石能源发电量占比52%，比全国平均水平高15.8个百分点。随着水电、核电、风光等非化石能源发电量的增加，南方五省（区）非化石能源电量占比预计将持续提高，电源清洁化水平保持国内领先水平。2015—2022年南方五省（区）全社会发电量结构和各类别电源发电量占比情况分别如表2-2和图2-10所示。

表2-2　　2015—2022年南方五省（区）全社会发电量结构　单位：亿kWh

项目名称	2015年	2016年	2017年	2018年	2019年	2020年	2021年	2022年
五省（区）	9854	10 247	10 969	11 878	12 743	13 336	14 724	15 011
（1）水电	4064	4041	4177	4398	4633	4709	4520	4944
（2）火电	4935	4974	5288	5717	5969	6218	7468	7107
（3）核电	617	868	1002	1135	1374	1425	1483	1431
（4）风电	180	272	344	399	460	562	639	795
（5）光伏	13	36	61	103	147	201	281	365
（6）生物质	45	56	97	126	160	221	333	369

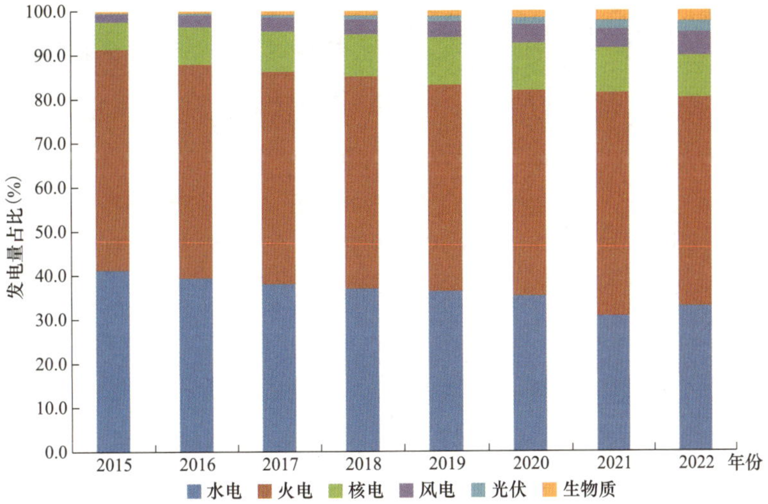

图 2-10　2015—2022 年南方五省（区）各类别电源发电量占比

2.2.2　新能源建设及运行

2.2.2.1　风电

风电装机持续发展快速增长，五省（区）中广东风电装机规模装机容量最大，广西增速最快。自我国 2006 年颁布实施了《可再生能源法》以来，南方五省（区）风电开发速度明显加快，2010、2015 年风电装机规模相继突破 100 万、1000 万 kW。截至 2022 年底，南方五省（区）风电装机达到 3835.7 万 kW，同比增长达到 11.3%，其中广东 1356.6 万 kW、广西 945.9 万 kW、云南 912.4 万 kW、贵州 592 万 kW、海南 28.9 万 kW。广西增速最快，同比增长达到 25.2%，广东、云南、贵州同比增长分别为 11.3%、3%、2%。2015—2022 年南方五省（区）风电装机容量及占比如表 2-3 所示。

表 2-3　2015—2022 年南方五省（区）风电装机容量及占比

单位：万 kW，%

项目名称	2015 年	2016 年	2017 年	2018 年	2019 年	2020 年	2021 年	2022 年
1. 合计	1254.8	1468.3	1706.5	1842.5	2077.9	2708	3445.8	3835.7
(1) 广东	246.4	268.2	334.7	357.4	442.7	564.8	1195.4	1356.6

续表

项目名称	2015年	2016年	2017年	2018年	2019年	2020年	2021年	2022年
（2）广西	40.4	69.6	149.8	207.7	287	653.2	755.4	945.9
（3）云南	614.3	737.4	824.9	857.3	862.8	880.6	885.6	912.4
（4）贵州	322.6	361.6	363.4	386.4	456.5	580.5	580.5	592
（5）海南	31.1	31.5	33.7	33.7	28.9	28.9	28.9	28.9
2. 占五省（区）比重								
（1）广东	19.6	18.3	19.6	19.4	21.3	20.9	34.7	35.4
（2）广西	3.2	4.7	8.8	11.3	13.8	24.1	21.9	24.7
（3）云南	49	50.2	48.3	46.5	41.5	32.5	25.7	23.8
（4）贵州	25.7	24.6	21.3	21	22	21.4	16.8	15.4
（5）海南	2.5	2.1	2	1.8	1.4	1.1	0.8	0.8

风电发电量保持快速增长态势。五省（区）中广东发电量最大，增速最快。至2022年，南方五省（区）风电发电量达到795亿kWh，同比增速达到24.5%。广东风电发电量为268.7亿kWh，同比增长达96.8%，为五省（区）最快，风电发电量比重也占五省（区）的1/3以上；广西风电发电量为198.9亿kWh，同比增长23.8%；贵州风电发电量为108.7亿kWh，同比增长3.8%；云南和海南风电发电量出现下降，其中云南风电发电量为213.8亿kWh，同比下降7.7%；海南风电发电量为4.9亿kWh，同比下降2.6%。2015—2022年南方五省（区）风电发电量及占比如表2-4所示。

表2-4　　2015—2022年南方五省（区）风电发电量及占比

单位：亿kWh，%

项目名称	2015年	2016年	2017年	2018年	2019年	2020年	2021年	2022年
1. 合计	180.1	272.3	343.8	398.7	460.1	561.6	638.7	795
（1）广东	41.6	49.6	61.6	63.2	74.3	102.9	136.5	268.7
（2）广西	6.1	12.9	24.9	42	61.3	106.2	160.6	198.9
（3）云南	93.6	149.1	188.4	220	241.7	249.9	231.8	213.8
（4）贵州	32.8	55.2	63.1	68.4	78.1	96.8	104.8	108.7
（5）海南	6	5.5	5.8	5.1	4.8	5.7	5	4.9

续表

项目名称	2015 年	2016 年	2017 年	2018 年	2019 年	2020 年	2021 年	2022 年
2. 占五省（区）比重								
（1）广东	23.1	18.2	17.9	15.8	16.1	18.3	21.4	33.8
（2）广西	3.4	4.7	7.2	10.5	13.3	18.9	25.1	25
（3）云南	52	54.8	54.8	55.2	52.5	44.5	36.3	26.9
（4）贵州	18.2	20.3	18.3	17.2	17	17.2	16.4	13.7
（5）海南	3.3	2	1.7	1.3	1	1	0.8	0.6

广东海上风电装机容量增长迅速。南方五省（区）海上风电资源量丰富，主要集中分布在广东沿海地区。广东沿海处于中国南部沿海风能丰富区，风力资源特别丰富。年平均风速为 6～7m/s，有效风能密度为 200～300W/m^2 以上，有的地区达到 400～500W/m^2。风能开发潜力巨大，经济效益和环保效益十分显著。广东海上风电起步较晚，但发展迅速。自 2018 年 4 月投产首个海上风电场（桂山海上风电）以来，又陆续投产玄武、峡阳、盈和等海上风电场，装机规模从 2018 年的 9 万 kW 增加到 2022 年的 791.2 万 kW，近 4 年净增装机 782.2 万 kW，年均增长近 196 万 kW，2017—2022 年广东海上风电装机容量如图 2-11 所示。

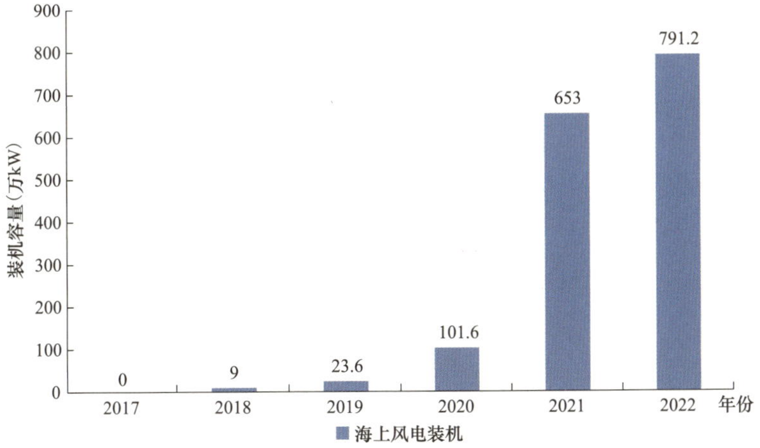

图 2-11　2017—2022 年广东海上风电装机容量

2.2.2.2　光伏

南方五省（区）光伏装机容量快速增长。2010 年前，南方五省（区）

光伏发电处于起步示范阶段，装机规模较小。2010年后，光伏发电开始进入大规模发展阶段，至2022年底已达到4361.3万kW，同比增长44.8%。

广东、贵州光伏发电装机均超过1000千万kW，在五省（区）中占比大。广东光伏发电装机规模一直位居前列，2022年达到1590万kW，同比增长55.9%。2022年广西和海南光伏装机在五省（区）中增长最快，其中广西装机容量达到519.7万kW，同比增长66.6%；海南装机容量达到246万kW，同比增长67.2%；贵州光伏发电起步较晚，但近年来发展速度较快，贵州以国家光伏扶贫政策为契机，抢抓光伏竞价项目，2020年装机规模突破1000万kW，2022年达到1420万kW，同比增长24.9%；云南2022年达到585.4万kW，同比增长47.4%。2015—2022年南方五省（区）光伏发电装机容量及占比如表2-5所示。

表2-5　2015—2022年南方五省（区）光伏发电装机容量及占比

单位：万kW,%

项目名称	2015年	2016年	2017年	2018年	2019年	2020年	2021年	2022年
1. 合计	220	416	826	1291	1745	2590	3013	4361
（1）广东	62	117	332	527	610	797	1020	1590
（2）广西	12	16	78	124	135	205	312	520
（3）云南	117	208	238	326	350	388	397	585
（4）贵州	3	46	135	178	510	1057	1137	1420
（5）海南	26	29	43	136	140	143	147	246
2. 占五省（区）比重								
（1）广东	28.1	28.1	40.2	40.8	35	30.8	33.9	36.5
（2）广西	5.5	3.8	9.4	9.6	7.7	7.9	10.4	11.9
（3）云南	53.4	50	28.8	25.3	20.1	15	13.2	13.4
（4）贵州	1.4	11.1	16.3	13.8	29.2	40.8	37.7	32.6
（5）海南	11.7	7	5.2	10.5	8	5.5	4.9	5.6

光伏发电量持续快速增长。2022年，南方五省（区）光伏发电量365.2亿kWh，同比增长30.1%，增速同比降低9.7个百分点。2015—2022年南方五省（区）光伏发电量及占比如表2-6所示。

表 2-6 2015—2022 年南方五省（区）光伏发电量及占比 单位：亿 kWh，%

项目名称	2015 年	2016 年	2017 年	2018 年	2019 年	2020 年	2021 年	2022 年
1. 合计	13.4	36.1	61.4	103.4	147.2	201	280.6	365.2
（1）广东	3.5	8.3	20.2	37.6	53.4	73.7	102.6	134.9
（2）广西	0.5	1.1	4.1	9.3	13.6	17.5	28.1	42.9
（3）云南	6.4	23.1	28	34.3	46.6	50	51.1	55.4
（4）贵州	0.2	1.1	5.7	15.8	19.6	45.3	82.6	109.9
（5）海南	2.9	2.6	3.4	6.4	14	14.6	16.1	22.1
2. 占五省（区）比重								
（1）广东	26.1	22.9	32.9	36.3	36.3	36.6	36.6	36.9
（2）广西	3.4	3	6.6	9	9.2	8.7	10	11.7
（3）云南	47.5	64	45.6	33.2	31.7	24.9	18.2	15.2
（4）贵州	1.6	2.9	9.3	15.2	13.3	22.6	29.4	30.1
（5）海南	21.4	7.2	5.6	6.2	9.5	7.2	5.7	6.1

光伏发电量五省（区）中广东和贵州占比最大，广西增速最快。 2022 年，广东光伏发电量 134.9 亿 kWh，同比增长 31.5%；贵州光伏发电量 109.9 亿 kWh，同比增长 33.1%；南方五省（区）光伏发电量主要集中在广东和贵州，广东和贵州的光伏发电量在五省（区）中的占比合计为 67%。广西光伏发电量 42.9 亿 kWh，增速达到 52.7%，在五省（区）中增速最快。云南、海南光伏发电量分别为 55.4 亿、22.1 亿 kWh，增速分别为 8.4%、37.3%。2022 年南方五省（区）光伏发电量占比情况如图 2-12 所示。

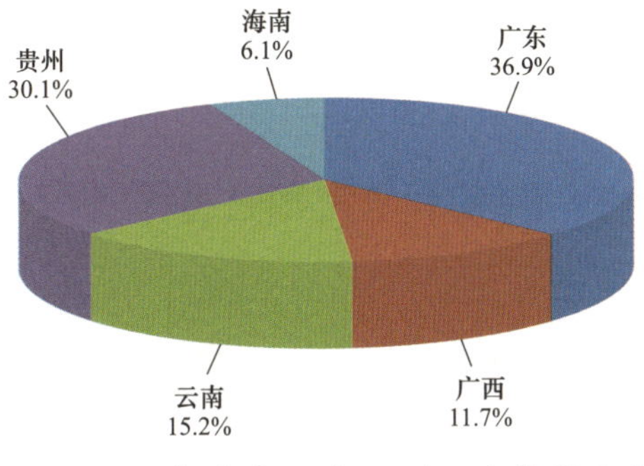

图 2-12 2022 年南方五省（区）光伏发电量占比

2.2.3 水电建设及运行

2.2.3.1 常规水电

五省（区）水电装机稳步增长。2022年底，南方五省（区）常规水电总装机容量13 296.4万kW，新增392.4万kW，同比增长3%，增速同比提高0.2个百分点。除怒江未开发外，澜沧江、金沙江、乌江、红水河等干流梯级电站均实现了大规模开发，目前乌江已开发完毕，澜沧江、金沙江、红水河干流电站开发程度均超过80%。2015—2022年南方五省（区）常规水电装机及增速情况分别如表2-7和图2-13所示。

表2-7 2015—2022年南方五省（区）常规水电装机（不含抽蓄）及占比 单位：万kW，%

项目名称	2015年	2016年	2017年	2018年	2019年	2020年	2021年	2022年
1. 合计	10 417	10 736	11 011	11 480	11 719	12 548	12 904	13 296
（1）广东	843	803	848	848	848	938	938	944
（2）广西	1645	1665	1669	1677	1681	1759	1767	1832
（3）云南	5782	6088	6281	6649	6873	7480	7823	8146
（4）贵州	2056	2089	2119	2212	2223	2281	2283	2282
（5）海南	92	91	94	94	94	91	93	93
2. 占五省（区）比重								
（1）广东	8.1	7.5	7.7	7.4	7.2	7.5	7.3	7.1
（2）广西	15.8	15.5	15.2	14.6	14.3	14	13.7	13.8
（3）云南	55.5	56.7	57	57.9	58.6	59.6	60.6	61.3
（4）贵州	19.7	19.5	19.2	19.3	19	18.2	17.7	17.2
（5）海南	0.9	0.8	0.9%	0.8	0.8	0.7	0.7	0.7

广东、广西、贵州、海南水电资源已基本开发完毕。2022年底，广东、海南常规水电容量已达到技术可开发量的峰值；贵州、广西水电开发比例都达到97%，乌江、南盘江、红水河等干流梯级水电已基本开发完毕，2022年，广西浔州电站（大藤峡）投产2台机组共计400MW；云南水电开发比例65.2%，金沙江梯级电站除上游旭龙、奔子栏及中游龙盘、

两家人电站尚未开发，澜沧江梯级电站除上游古水、下游橄榄坝和勐松电站尚未开发外，其余电站均已投运或在建，怒江受生态环保等因素影响尚未开发。2022 年底南方五省（区）常规水电开发情况如表 2 - 8 和图 2 - 14 所示。

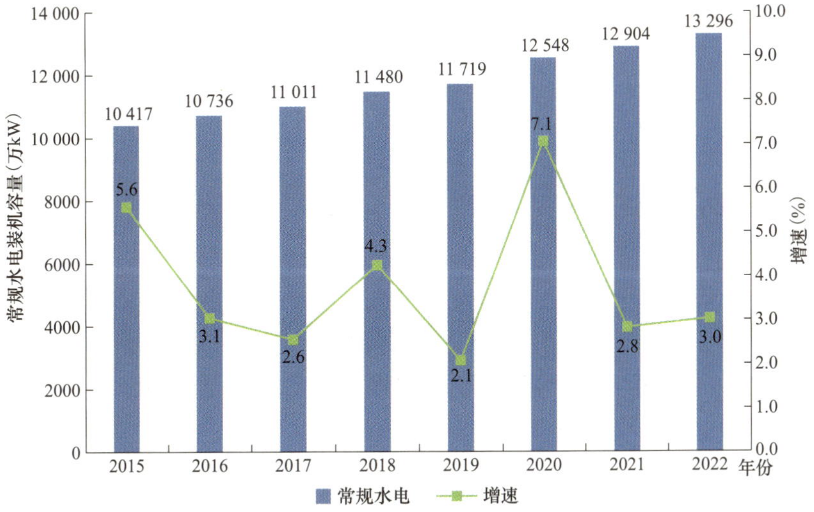

图 2 - 13　2015—2022 年南方五省（区）常规水电（不含抽蓄）装机容量及增速

表 2 - 8　　2022 年底南方五省（区）常规水电开发情况　单位：万 kW，%

流域	规划开发容量（含界河电站）	已投运电站容量	开发比例
金沙江	7319	6157	84.1
澜沧江	2575	2123	82.4
怒江	1867	0	0
红水河	1445	1245	86.2
乌江	876	876	100
合计	14 082	10 401	73.9

水电发电量稳步提升。2022 年，南方五省（区）常规水电发电量达到 4849.4 亿 kWh，增加 408.4 亿 kWh，同比增长 9.2%。广东、海南常规水电发电量大增，同比增速分别达到 73.7%、41.6%。贵州常规水电发电量比上年同期都有所下降，降幅为 7.6%。2015—2022 年南方五省（区）水电发电量及占比情况见表 2 - 9 所示。

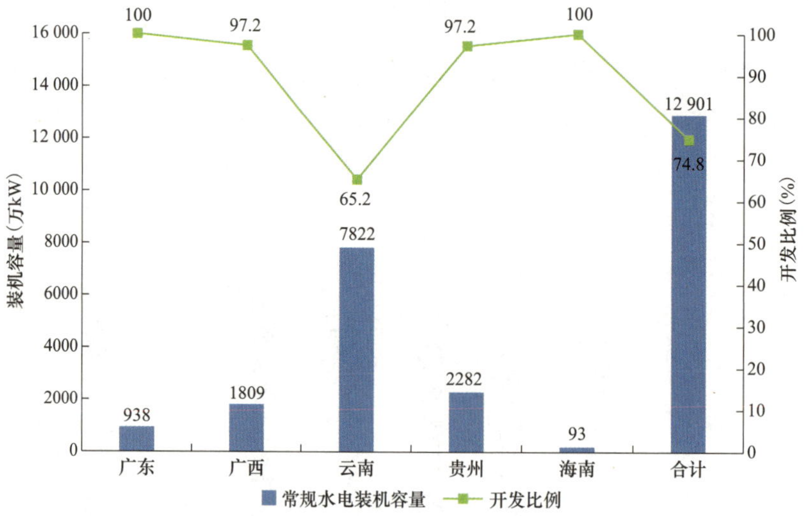

图 2-14　2022年底南方五省（区）常规水电装机容量及开发比例

表 2-9　　2015—2022年南方五省（区）水电发电量及占比

单位：亿 kWh，%

项目名称	2015年	2016年	2017年	2018年	2019年	2020	2021年	2022年
1. 合计	4064	3987	4113	4326	4551	4627	4441	4849.4
（1）广东	259	368	237	221	317	206	146	253.5
（2）广西	762	600	614	609	593	615	517	611.9
（3）云南	2177	2268	2502	2699	2856	2960	3027	3282.9
（4）贵州	827	727	733	770	769	831	734	678.4
（5）海南	15	23	26	27	16	16	16	22.7
2. 占五省（区）比重								
（1）广东	6.4	9.2	5.8	5.1	7	4.4	3.3	5.2
（2）广西	18.7	15.1	14.9	14.1	13	13.3	11.6	12.6
（3）云南	53.6	56.9	60.8	62.4	62.7	64	68.2	67.7
（4）贵州	20.3	18.2	17.8	17.8	16.9	18	16.5	14
（5）海南	0.4	0.6	0.6	0.6	0.4	0.3	0.4	0.5

广东、广西、云南、海南水电利用小时数出现较明显的提升，贵州有所下降。2022年，南方五省（区）6000kW及以上水电设备平均利用小时3603h。广东6000kW及以上水电设备平均利用小时数为1313h，同比增加91h；广西3581h，同比增加520h；云南4220h，同比增加

344h；贵州 2947h，同比减少 269h；海南 1597h，同比增加 51h。2012—2022 年南方五省（区）6000kW 及以上水电设备平均利用小时数见图 2-15 所示。

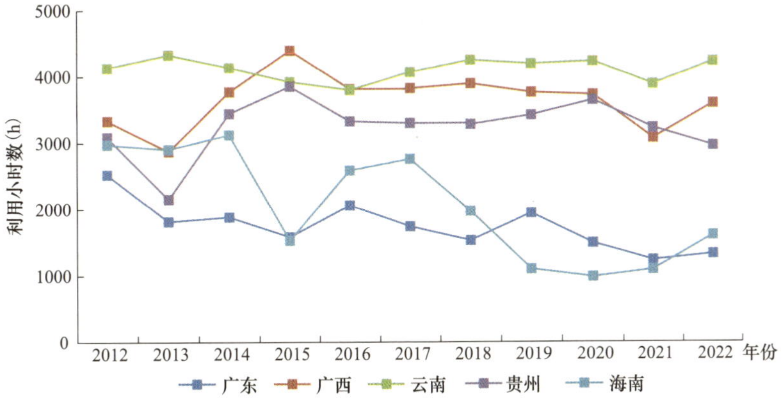

图 2-15 2012—2022 年南方五省（区）6000kW 及以上水电设备平均利用小时数

2.2.3.2 抽水蓄能

抽水蓄能装机容量稳步增长，占比高于全国平均水平。至 2022 年，南方五省（区）抽水蓄能装机达到 1028 万 kW，发电量达到 94.2 亿 kWh，抽水蓄能装机占总装机容量比重达到 2.3%，比 2015 年提高 0.4 个百分点，比全国平均水平高 0.4 个百分点。2022 年 5 月，广东阳江、梅州两座百万 kW 级抽水蓄能电站同时投产发电。至此，粤港澳大湾区电网抽水蓄能总装机近 1000 万 kW，高峰时段顶峰发供电能力大幅提高。两座抽水蓄能电站的投产标志着粤港澳大湾区电网成为世界上抽水蓄能装机容量最大、电网调节能力最强、清洁能源消纳比重最高的世界级湾区电网，将为粤港澳大湾区电力系统中的新能源占比不断加大提供有效资源调节，促进新能源充分消纳。同时广西南宁、肇庆浪江、梅蓄二期、惠州中洞主体工程开工，同期在建规模达 480 万 kW，茂名电白、柳州鹿寨等 10 个新建站点正在规划阶段。2015—2022 年南方五省（区）抽水蓄能装机容量如图 2-16 所示。

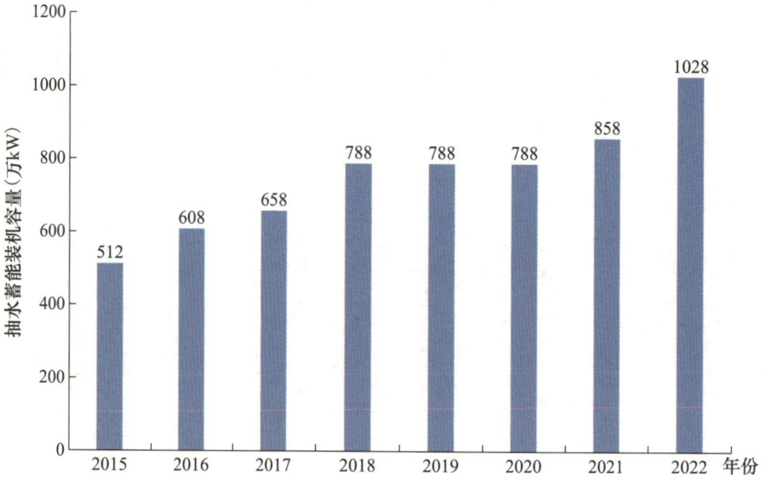

图 2-16　2015—2022 年南方五省（区）抽水蓄能装机容量

2.2.4　火电建设及运行

2.2.4.1　煤电

煤电装机平稳增长，占火电比重不断下降。2022 年，南方五省（区）煤电装机达到 14 089.3 万 kW，比 2021 年增加 208.3 万 kW，同比增长 1.5%，增速同比下降 0.8 个百分点。广东煤电装机 6895.4 万 kW，同比增长 1%。广西煤电装机增长较快，达到 2206.7 万 kW，同比增长 12.3%。云南、贵州和海南煤电装机基本与上年同期相同。2017 年以来，煤电占火电装机的占比逐年下降，至 2022 年降至 72%，比 2017 年下降 6.3 个百分点。2015—2022 年南方五省（区）煤电装机占比及煤电占火电装机的比重情况分别如表 2-10、图 2-17 所示。

表 2-10　2015—2022 年南方五省（区）煤电装机及占比　单位：万 kW，%

项目名称	2015 年	2016 年	2017 年	2018 年	2019 年	2020 年	2021 年	2022 年
1. 合计	11 365	12 300	12 653	12 743	13 032	13 569	13 881	14 089.3
（1）广东	5797	5998	6035	5994	6141	6620	6825	6895.4
（2）广西	1213	1615	1797	1858	1858	1859	1965	2206.7
（3）云南	1299	1301	1301	1298	1298	1298	1298	1298.5
（4）贵州	2681	3011	3146	3242	3384	3469	3469	3364.8

续表

项目名称	2015 年	2016 年	2017 年	2018 年	2019 年	2020 年	2021 年	2022 年
（5）海南	376	376	376	352	352	324	324	324
2. 占五省（区）比重								
（1）广东	51	48.8	47.7	47	47.1	48.8	49.2	48.9
（2）广西	10.7	13.1	14.2	14.6	14.3	13.7	14.2	15.7
（3）云南	11.4	10.6	10.3	10.2	10	9.6	9.4	9.2
（4）贵州	23.6	24.5	24.9	25.4	26	25.6	25	23.9
（5）海南	3.3	3.1	3	2.8	2.7	2.4	2.3	2.3

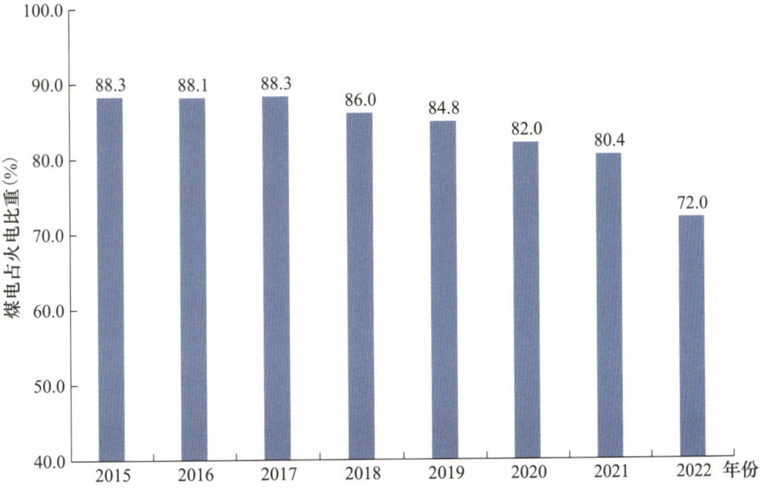

图 2-17　2015—2022 年南方五省（区）煤电占火电装机比重

煤电发电量下降，发电量占比降至 40%以下。2022 年，南方五省（区）煤电发电量 5992.4 亿 kWh，下降 4.6 个百分点，煤电发电量占比降至 39.9%，2015—2022 年南方五省（区）煤电发电量及占比情况如表 2-11 所示。

表 2-11　　2015—2022 年南方五省（区）煤电发电量及占比

单位：亿 kWh，%

项目名称	2015 年	2016 年	2017 年	2018 年	2019 年	2020 年	2021 年	2022 年
1. 合计	4294	4174	4563	4951	5118	5184	6279	5992.4
（1）广东	2409	2297	2578	2667	2508	2518	3372	3264.9
（2）广西	362	360	444	649	833	865	944	827

续表

项目名称	2015年	2016年	2017年	2018年	2019年	2020年	2021年	2022年
(3) 云南	247	170	167	207	223	318	353	390.4
(4) 贵州	1071	1170	1201	1254	10 381	1323	1444	1360.3
(5) 海南	205	176	173	174	173	160	166	149.9
2. 占五省（区）比重								
(1) 广东	56.1	55	56.5	53.9	49	48.6	53.7	54.5
(2) 广西	8.4	8.6	9.7	13.1	16.3	16.7	15	13.8
(3) 云南	5.7	4.1	3.7	4.2	4.3	6.1	5.6	6.5
(4) 贵州	24.9	28	26.3	25.3	27	25.5	23	22.7
(5) 海南	4.8	4.2	3.8	3.5	3.4	3.1	2.6	2.5

2.2.4.2 气电

气电装机规模增长迅速，占火电比重逐步增加。2022年，南方五省（区）气电装机达到3940.9万kW，比2021年增加527.8万kW，同比增长15.5%，增速同比增加0.9个百分点。南方五省（区）气电装机情况见表2-12。2017年以来，气电占火电装机比重逐年提高，至2022年提高至20.1%，比2017年提高8.4个百分点。2015—2022年南方五省（区）气电装机及占比、气电占火电装机比重的情况分别如表2-12、图2-18所示。

表2-12　　2015—2022年南方五省（区）气电装机及占比 单位：万kW，%

项目名称	2015年	2016年	2017年	2018年	2019年	2020年	2021年	2022年
1. 合计	1511.8	1654.8	1680.1	2072.4	2327.2	2977.8	3413.1	3940.9
(1) 广东	1426.6	1568.6	1571.1	1962.5	2216.7	2696	3080.5	3455.4
(2) 广西	12	12	34.7	34.8	34.8	53.8	53.3	53.7
(3) 云南	0.8	1.8	1.8	2.6	2.9	2.9	3.1	3
(4) 贵州	0	0	0	0	0	56.4	61.5	71.5
(5) 海南	72.4	72.4	72.5	72.5	72.7	168.7	214.7	357.3
2. 占五省（区）比重								
(1) 广东	94.4	94.8	93.5	94.7	95.3	90.5	90.3	87.7
(2) 广西	0.8	0.7	2.1	1.7	1.5	1.8	1.6	1.4
(3) 云南	0.1	0.1	0.1	0.1	0.1	0.1	0.1	0.1

续表

项目名称	2015年	2016年	2017年	2018年	2019年	2020年	2021年	2022年
(4) 贵州	0	0	0	0	0	1.9	1.8	1.8
(5) 海南	4.8	4.4	4.3	3.5	3.1	5.7	6.3	9.1

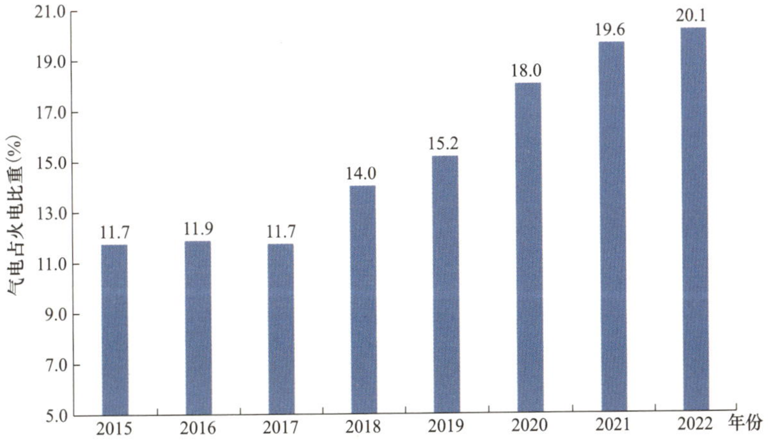

图2-18 2015—2022年南方五省（区）气电占火电装机比重情况

天然气价格高企，气电发电量有所下降。2022年，俄乌冲突导致国际天然气价格持续高企以及国内疫情影响，气电发电量出现下降。南方五省（区）气电发电量2022年为958.6亿kWh，比上年下降41.3亿kWh，同比降低了4.7个百分点，随着疫情消散经济复苏，天然气消费在2023年预计将恢复正增长。2015—2022年南方五省（区）气电发电量及占比情况如表2-13所示。

表2-13　2015—2022年南方五省（区）气电发电量及占比

单位：亿kWh，%

项目名称	2015年	2016年	2017年	2018年	2019年	2020年	2021年	2022年
1. 合计	422.8	500.4	528.4	550.6	612.7	807.4	999.9	958.6
(1) 广东	398.8	488.7	514.7	532.8	593.8	751.3	917	863.9
(2) 广西	2.8	1	2.3	5.5	4.9	9.3	10.2	8.8
(3) 云南	0.1	0.4	0.6	0.5	0.5	0.5	0.3	0.1
(4) 贵州	0	0	0	0	0	18.7	22.6	25.6
(5) 海南	21.1	10.3	10.9	11.8	13.5	27.6	49.8	60.2

续表

项目名称	2015年	2016年	2017年	2018年	2019年	2020年	2021年	2022年
2. 占五省（区）比重								
（1）广东	94.32	97.66	97.41	96.77	96.92	93.05	91.71	90.12
（2）广西	0.66	0.20	0.44	1.00	0.80	1.15	1.02	0.92
（3）云南	0.02	0.08	0.11	0.09	0.08	0.06	0.03	0.01
（4）贵州	0	0	0	0	0	2.32	2.26	2.67
（5）海南	4.99	2.06	2.06	2.14	2.20	3.42	4.98	6.28

2.2.5 核电建设及运行

南方五省（区）核电装机规模保持稳定。2022年，南方五省（区）核电工程项目稳步有序推进，无新增机组并网运行，防城港核电3号机组2022年11月25日首次装料，2023年3月27日正式组投产发电，进一步验证了我国自主知识产权三代核电技术“华龙一号”的安全性和成熟性。2015—2022年南方五省（区）核电装机及占比如表2-14所示。

表2-14　2015—2022年南方五省（区）核电装机及占比 单位：万kW，%

项目名称	2015年	2016年	2017年	2018年	2019年	2020	2021年	2022年
1. 合计	1003	1285	1394	1677	1961	1961	1961	1961
（1）广东	829	938	1046	1330	1614	1614	1614	1614
（2）广西	109	217	217	217	217	217	217	217
（3）海南	65	130	130	130	130	130	130	130
2. 占五省（区）比重								
（1）广东	82.7	73	75.1	79.3	82.3	82.3	82.3	82.3
（2）广西	10.8	16.9	15.6	13	11.1	11.1	11.1	11.1
（3）海南	6.5	10.1	9.3	7.8	6.6	6.6	6.6	6.6

核电发电量小幅下降。2022年，南方五省（区）核电发电量1431.4亿kWh，同比下降3.5%，其中广东核电发电量1148.6亿kWh，同比下降4.6%。广西核电发电量177.6亿kWh，同比下降2%。海南核电发电量105.2亿kWh，同比增长7.8%。2015—2022年南方五省（区）核电发电量

及占比如表 2-15 所示。

表 2-15　2015—2022 年南方五省（区）核电发电量及占比

单位：亿 kWh，%

项目名称	2015 年	2016 年	2017 年	2018 年	2019 年	2020 年	2021 年	2022 年
1. 合计	616.8	867.8	1001.7	1134.6	1373.9	1424.8	1483	1431.4
（1）广东	605.9	704.9	800.3	896.5	1105.6	1160.8	1204.1	1148.6
（2）广西	6.6	103	126.8	161	171.5	168.4	181.3	177.6
（3）海南	4.4	59.9	74.6	77.2	96.8	95.6	97.6	105.2
2. 占五省（区）比重								
（1）广东	98.2	81.2	79.9	79.0	80.5	81.5	81.2	80.2
（2）广西	1.1	11.9	12.7	14.2	12.5	11.8	12.2	12.4
（3）海南	0.7	6.9	7.4	6.8	7	6.7	6.6	7.4

2.3 供需平衡情况

南方五省（区）电力供需总体偏紧，但未出现错峰和拉闸限电。2022 年，南方五省区全社会用电量 14 746 亿 kWh，同比增长 1.6%，一、二、三、四季度，全社会用电量同比分别增长 2.5%、-3.0%、3.9%和 3.3%，受疫情反复、经济下行压力加大、去年整体基数较高等多重因素影响，用电增速呈现前高后低的走势，且伴随高气温天气的延迟到来，用电需求高峰也相应推迟。其中，7、8 月，由于我国出现了近几十年来持续时间最长、影响范围最广的极端高温少雨天气，叠加经济恢复增长，拉动用电负荷快速增长，南方五省区用电负荷创新高，电力保供严峻，总体供需形势紧张。12 月，贵州、云南等省份受前期来水偏枯导致水电蓄能持续下滑等因素影响，叠加寒潮天气期间取暖负荷快速攀升，电力供需形势紧张，云南、贵州部分时段实施负荷管理。2022 年南方五省（区）负荷管理和需求侧响应最大电力情况如图 2-19 所示，2022 年南方五省（区）全年负荷管理和需求侧响应影响电量情况如图 2-20 所示。

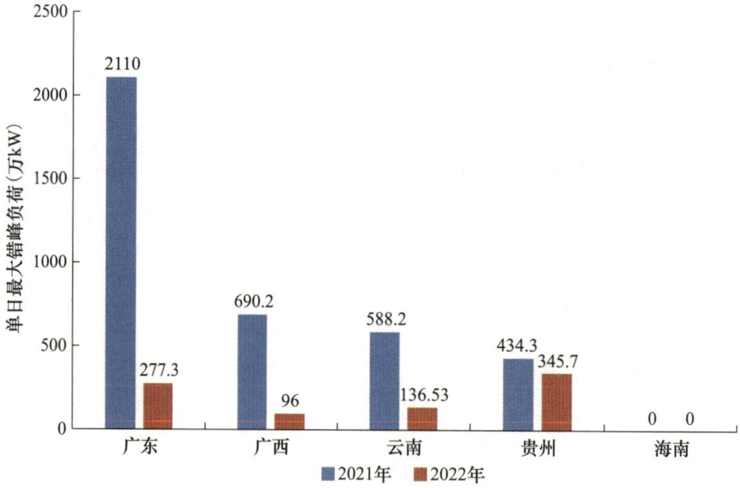

图 2-19　2022 年南方五省（区）负荷管理和需求侧响应最大电力情况❶

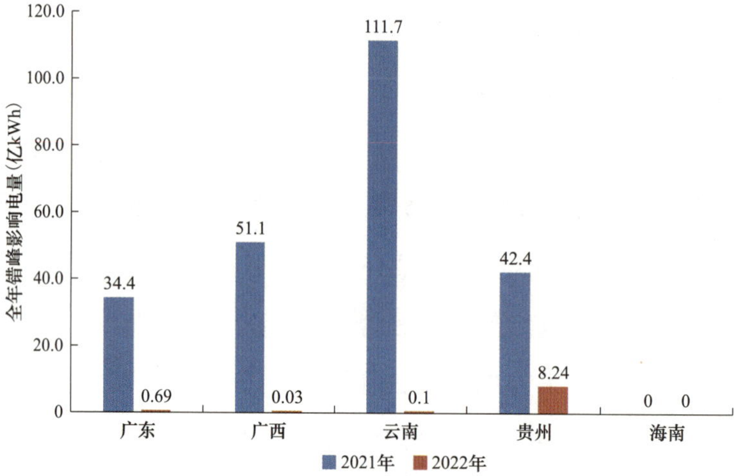

图 2-20　2022 年南方五省（区）全年负荷管理和需求侧响应影响电量情况❷

❶ 数据来源：南方电网调度控制中心，南方电网调度年报。

❷ 数据来源：南方电网调度控制中心，南方电网调度年报。

第3章

南方电网建设情况

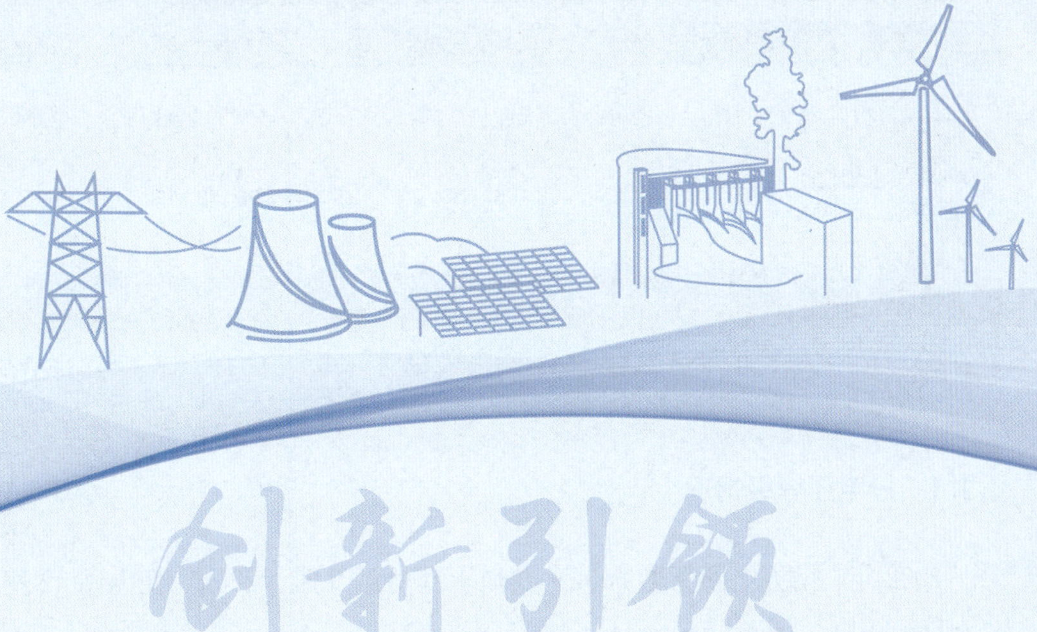

创新引领 智力共享

3.1 电网建设

2022年南方电网新增35kV及以上公用变电站170座，同比增长2%；新增35kV及以上主变压器容量5851万kVA，同比增长4.8%；新增35kV及以上线路7134km，同比增长2.1%。

截至2022年底，南方电网共有35kV及以上公用变电站8882座；35kV及以上主变压器容量126 574万kVA；35kV及以上线路20 754条，长度348 442km。

2015—2022年南方电网35kV及以上电网规模变化情况如表3-1所示。

表3-1　2015—2022年南方电网35kV及以上电网规模变化情况

年份	2015	2016	2017	2018	2019	2020	2021	2022
35kV及以上公用变电站/换流站（座）	5172	6516	6740	7096	7294	7503	8712	8882
35kV及以上主变压器容量（万kVA）	75 716	93 124	98 466	102 716	106 974	114 123	120 723	126 574
35kV及以上线路长度（km）	194 162	267 418	272 981	288 199	294 363	306 076	341 308	348 442
35kV及以上架空线路数量（条）	11 780	14 997	15 348	16 487	16 370	17 363	20 133	20 754

3.1.1 分电压等级情况

2022年，南方电网新增500kV及以上变电站9座、220kV变电站42座、110kV变电站108座、35kV变电站11座。新增500kV及以上变电容量1971万kVA、220kV变电容量1838万kVA、110kV变电容量1900万kVA、35kV变电容量142万kVA，分别同比增长4.9%、4.7%、5.1%、3.7%。

2022年，南方电网新增500kV及以上线路129条、220kV线路478条、110kV线路227条，35kV线路减少213条。新增500kV及以上线路长度3205km、220kV线路长度2658km、110kV线路长度2148km，35kV线路长度减少 876km，分别同比增长 7.2%、3.1%、2%、-1%。

2015—2022 年南方电网各电压等级电网规模变化情况见表 3-2。

表 3-2　　2015—2022 年南方电网各电压等级电网规模变化

年份	2015	2016	2017	2018	2019	2020	2021	2022
一、主变压器容量（万 kVA）	82 315	93 123	98 466	102 717	106 974	114 123	120 723	126 574
换流变压器容量合计	5644	7799	8395	8979	8979	11 233	11 233	11 278
±800kV	2362	2362	2945	3528	3528	5427	5427	5427
±500kV	3283	5437	5450	5450	5450	5806	5806	5852
公用变压器容量合计	76 671	85 324	90 071	93 738	97 995	102 890	109 490	115 296
500kV	21 411	23 038	24 401	25 091	26 442	27 596	29 172	31 097
220kV	29 181	30 783	32 567	33 945	35 269	36 951	38 853	40 691
110kV	24 522	29 460	30 939	32 213	33 719	35 171	37 614	39 514
35kV	1558	2043	2164	2489	2565	3172	3851	3993
二、线路长度（km）	219 162	267 417	272 981	288 200	294 363	306 076	341 308	348 442
直流线路合计	8279	10 116	11 904	11 904	11 904	13 743	13 743	13 743
±800kV	2787	2787	4744	4744	4744	6194	6194	6194
±500kV	5493	7330	7160	7160	7160	7549	7549	7549
交流线路合计	210 883	257 301	261 077	276 296	282 459	292 333	327 565	334 699
500kV	35 601	36 910	38 159	40 185	40 740	43 161	44 257	47 462
220kV	66 262	68 235	71 043	75 007	77 767	81 101	84 724	87 382
110kV	67 134	93 176	93 478	97 156	99 690	102 803	108 327	110 475
35kV	41 886	58 980	58 397	63 948	64 262	65 268	90 257	89 381

3.1.2　分省（区）情况

2022 年，广东新增 35kV 及以上主变压器容量 4034.1 万 kVA，同比增长 6.5%，新增 35kV 及以上线路 4327.8km，同比增长 4.9%；广西新增 35kV 及以上主变压器容量 576.9 万 kVA，同比增长 4.9%；云南新增 35kV

及以上主变压器容量769万kVA，同比增长4.6%，新增35kV及以上线路长度1782km，同比增长1.9%；贵州新增35kV及以上主变压器容量288万kVA，同比增长2.3%，新增35kV及以上线路1620.7km，同比增长3%；海南新增35kV及以上主变压器容量182.8万kVA，同比增长7.5%，新增35kV及以上线路356km，同比增长3.2%。

截至2022年底，广东35kV及以上公用变电站3075座，主变压器容量65 698.5万kVA，35kV及以上线路长度91 955km；广西35kV及以上公用变电站1979座，主变压器容量12 471万kVA，35kV及以上线路长度70 881km；云南35kV及以上公用变电站1928座，主变压器容量17 562万kVA，35kV及以上线路长度94 463km；贵州35kV及以上公用变电站1528座，主变压器容量12 830万kVA，35kV及以上线路长度55 792km；海南35kV及以上公用变电站329座，主变压器容量2625万kVA，35kV及以上线路长度11 645km。2015—2022年南方五省（区）35kV及以上主变压器容量占比及输电线路长度占比情况分别如图3-1、图3-2所示。

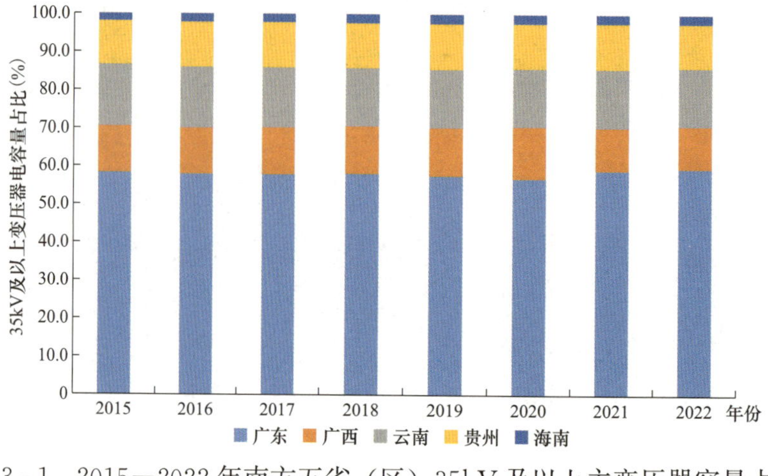

图3-1　2015—2022年南方五省（区）35kV及以上主变压器容量占比

3.1.3　电网投资情况

受新冠疫情和2021年较高基数等因素影响，电网投资维持稳中有降。2022年，南方电网公司克服疫情等因素影响，积极发挥投资拉动作用，完成了广东目标网架工程，梅州、阳江两座百万 kW 级抽蓄电站，罗北双线增容改造、崇文一紫荆等重点工程/线路的启动投产，反映了电网建设稳经济、稳增长的助力作用以及“双碳”目标和新型电力系统建设背景下对电网基建需求的支撑作用。全年南方电网投资维持高位，连续 5 年投资突破 1200 亿元，达到 1251 亿元，同比下降 5%。随着疫情消散经济复苏，电网投资在 2023 年预计将恢复正增长。2015—2022 年南方电网投资及增速如图 3-3 所示。

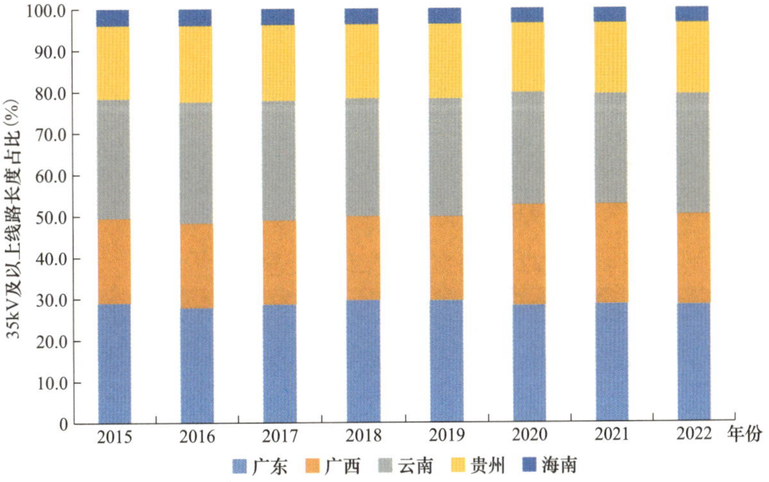

图 3-2　2015—2022 年南方五省（区）35kV 及以上输电线路长度占比

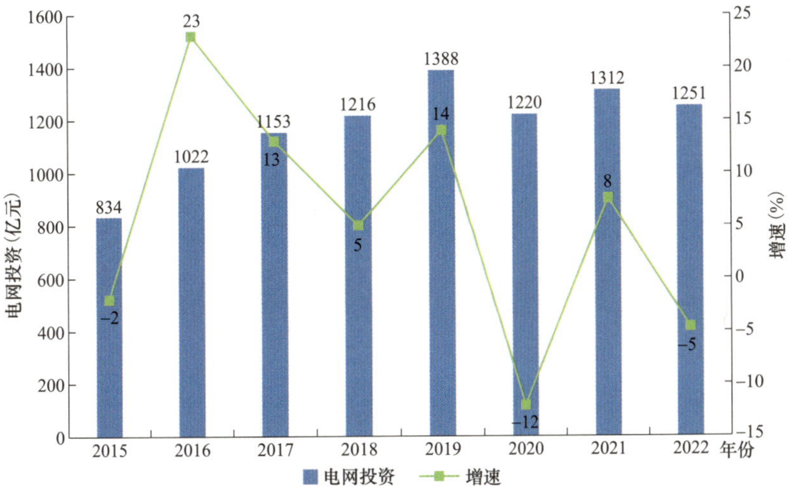

图 3-3　2015—2022 年南方电网投资及增速

3.2 电网规模与结构

3.2.1 西电东送主网架

截至2022年底，南方电网已形成“八交十一直”西电东送主网架（500kV天广交流4回，贵广交流4回；天广直流、昆柳龙直流、禄高肇直流、兴安直流、江城直流、牛从甲直流、牛从乙直流、楚穗直流、普侨直流、新东直流、金中直流共11回）共19条西电东送大通道及4座背靠背换流站（鲁西背靠背直流、粤中背靠背直流、南粤背靠背直流、云霄背靠背直流共4座），直流线路总长度为13 181km，西电东送送电能力5817万kW，2022年南方电网西电东送情况如表3-3所示。

表3-3　2022年南方电网西电东送情况[1]

	最大电力（万kW）	电力同比（%）	电量（亿kWh）	电量同比（%）
西电东送	5201	-0.3	2156	-2.3
广东受西电	4340	-2.1	1814	-4
广东受西部	3895	-3.4	1622	-2.3
广西受西电	1176	12.2	331	10.8
云南送西电	3861	-5.6	1445	-1.9
贵州送西电	869	-5.9	297	-25.4
海南受西电	55	10	7.9	-47.7

2022年，西电东送电量2156亿kWh，同比下降2.3%，计划完成率97.1%，其中清洁能源占比高达80.7%，相当于减少标煤消耗0.52亿t，减排二氧化碳1.38亿t。西电送广东1813.6亿kWh，占广东全社会用电比重达到23%，成为广东经济社会发展的重要支撑；西电东送广西331.1亿kWh，占广西全社会用电比重为14.9%，有效解决了广西能源资源匮乏的困局。西电东送海南7.9亿kWh，占海南全社会用电比重为1.9%。2015—

[1] 数据来源：南方电网调度控制中心，南方电网调度年报。

2022 年南方五省（区）西电东送能力及送电量如图 3 - 4 所示。

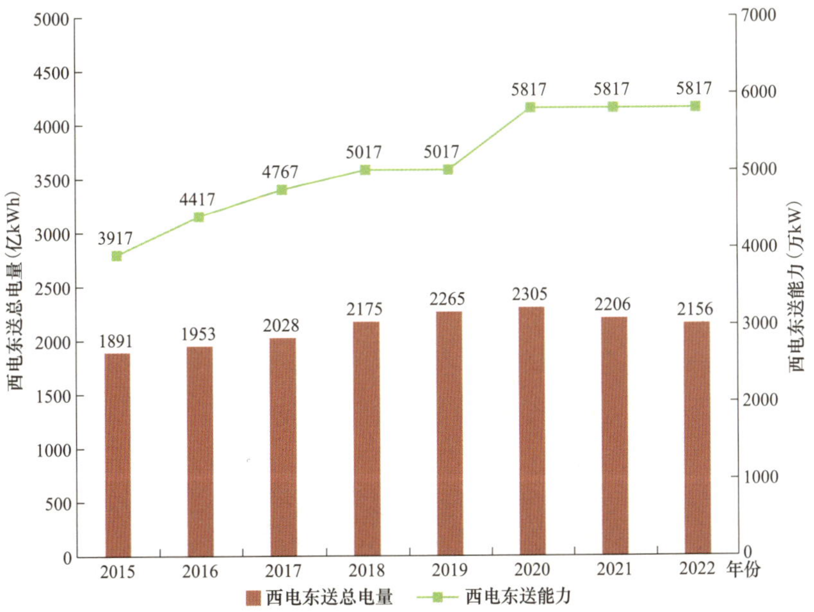

图 3 - 4　2015—2022 年南方五省（区）西电东送能力及送电量

3.2.2　省内主网架

3.2.2.1　广东电网

2022 年，广东电网新增 220kV 及以上主变压器容量 2597.8 万 kVA，同比增长 6.9%；新增 220kV 及以上输电线路 3178.5km，同比增长 7.5%。

截至 2022 年底，广东电网共有 220kV 及以上公用变电站 573 座，220kV 及以上主变压器容量 40 369.8 万 kVA，220kV 及以上输电线路长度 45 575.5km。2015—2022 年广东电网 220kV 及以上电网主变压器容量变化及输电长度变化分别如图 3 - 5 和图 3 - 6 所示。

2022 年，大湾区直流背靠背工程、深圳中西部通道工程等广东目标网架第一阶段项目如期投产，世界上首次对电网复杂结构进行合理分区，有效解决深圳、广州核心区域 500kV 站点短路电流超标、局部暂态电压稳定等系统安全问题。闽粤联网工程全面投产，实现广东与福建两省电网异步互联，促进电力互补互济、调剂余缺。至 2022 年底，广东电网 500kV 主网架已形成服务于珠江三角洲负荷中心地区的内外双环网结构，并向基于 500kV

湾区外环的柔性直流互联的目标网架演变，220kV 网架已形成覆盖全省各地市、以双环网和双回链式为主的供电结构。

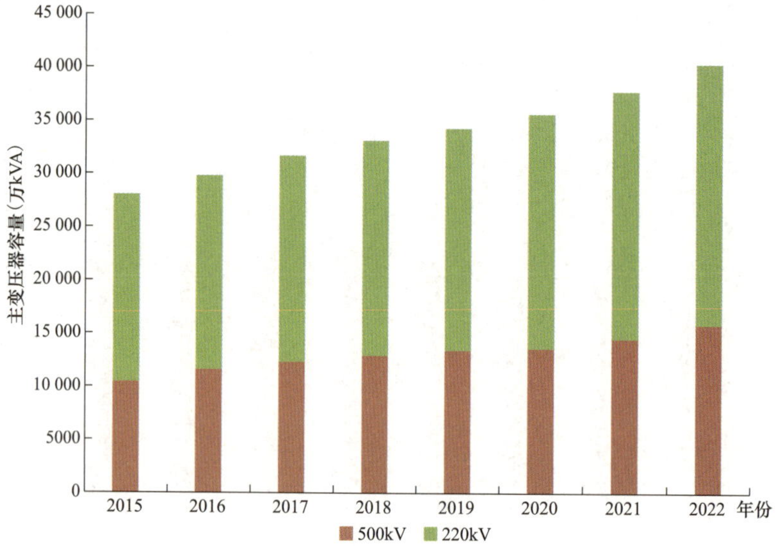

图 3-5　2015—2022 年广东电网 220kV 及以上电网主变压器容量变化[1]

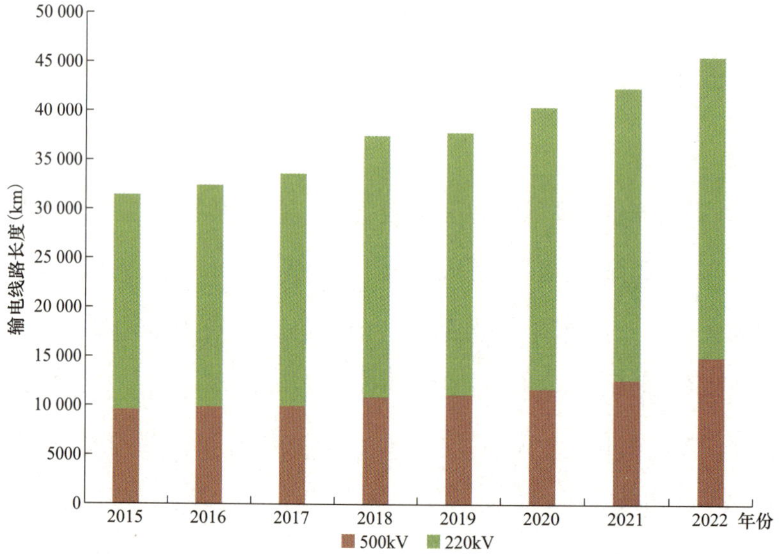

图 3-6　2015—2022 年广东电网 220kV 及以上输电线路长度变化[2]

3.2.2.2　广西电网

2022 年，广西电网新增 220kV 及以上主变压器容量 337 万 kVA，同比

---

❶ 数据来源：南方五省（区）电力统计资料汇编。

❷ 数据来源：南方五省（区）电力统计资料汇编。

增长 5.4%；新增 220kV 及以上输电线路 787.6km，同比增长 3.9%。

截至 2022 年底，广西电网共有 220kV 及以上公用变电站 186 座，主变压器容量 6530 万 kVA，220kV 及以上输电线路长度 20 901.6km。2015—2022 年广西电网 220kV 及以上电网主变压器容量及输电线路长度变化分别如图 3-7 和图 3-8 所示。

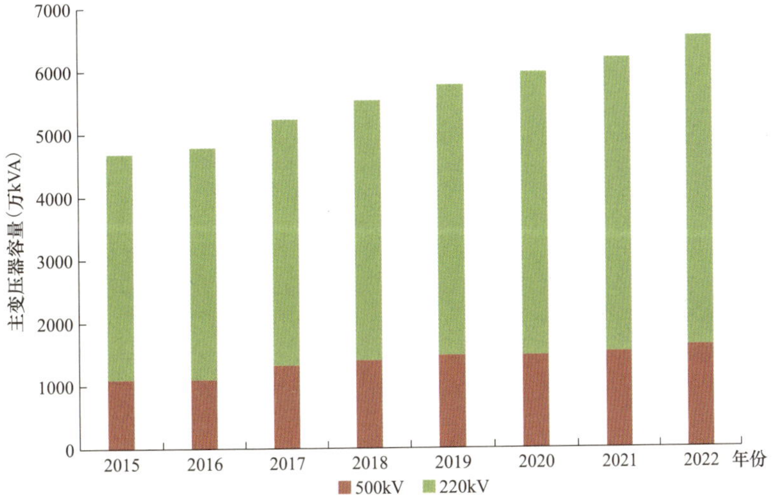

图 3-7　2015—2022 年广西电网 220kV 及以上主变压器容量变化[1]

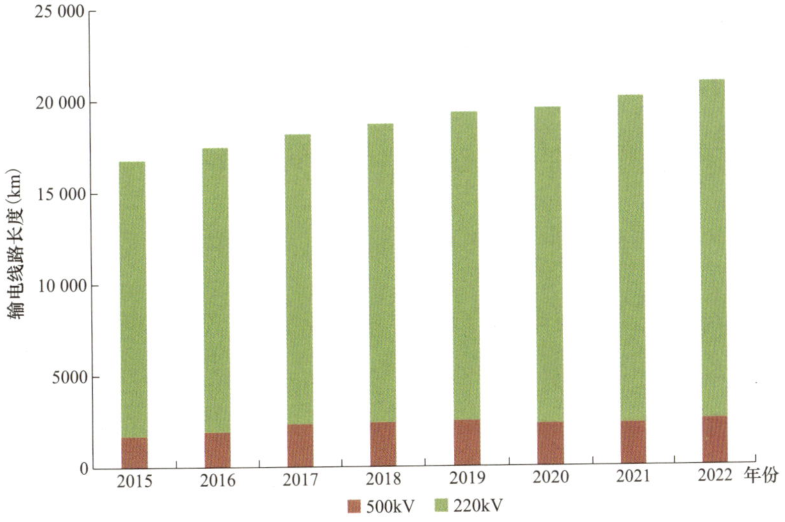

图 3-8　2015—2022 年广西电网 220kV 及以上输电线路长度变化[2]

[1] 数据来源：南方五省（区）电力统计资料汇编。

[2] 数据来源：南方五省（区）电力统计资料汇编。

2022年，500kV国能广投北海电厂送出工程如期投产，保障电厂200万kW电力送出需求，有效缓解广西迎峰度冬电力供应压力。截至2022年底，广西电网500kV主网架已依托西电东送通道形成“四横两纵”的电网结构。220kV网架已形成14个地市县域全覆盖、以双回链式和双环网为主的供电结构。

3.3.2.3　云南电网

2022年，云南电网新增220kV及以上主变压器容量460.4万kVA，同比增长4.3%；新增220kV及以上输电线路763.74km，同比增长2.2%。

截至2022年底，云南电网共有220kV及以上公用变电站187座，主变压器容量11 156.4万kVA，220kV及以上输电线路长度35 456.7km。2015—2022年云南电网220kV及以上电网主变压器容量及输电线路长度变化分别如图3-9和图3-10所示。

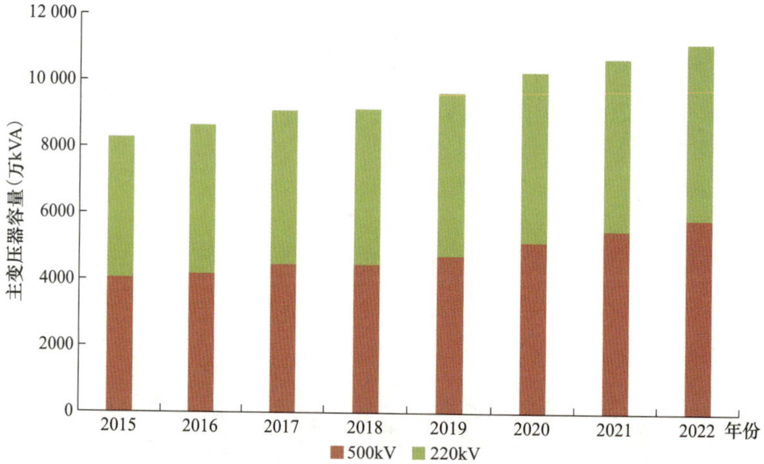

图3-9　2015—2022年云南电网220kV及以上电网主变压器容量变化❶

截至2022年底，云南电网500kV主网架已形成“四横三纵一中心”的结构。220kV网架主要依托500kV变电站布点不断进行优化，已形成覆盖全省16个市州、以单侧电源环网加联络、双侧电源链式为主的供电结构。

3.3.2.4　贵州电网

2022年，贵州电网新增220kV及以上主变压器容量279万kVA，同比

❶ 数据来源：南方五省（区）电力统计资料汇编。

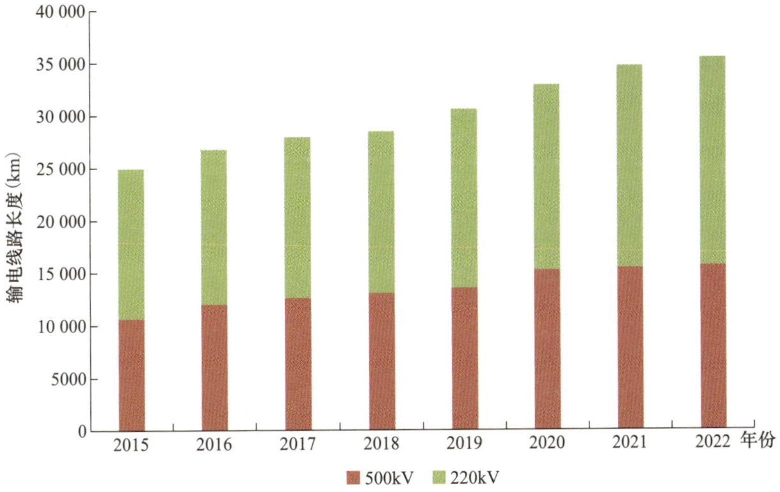

图3-10　2015—2022年云南电网220kV及以上输电线路长度变化[1]

增长3.8%；新增220kV及以上输电线路763.8km，同比增长4.3%。

截至2022年底，贵州电网共有220kV及以上公用变电站167座，主变压器容量7636万kVA，220kV及以上输电线路长度18 326.8km。2015—2022年贵州电网220kV及以上电网主变压器容量及输电线路长度变化分别如图3-11和图3-12所示。

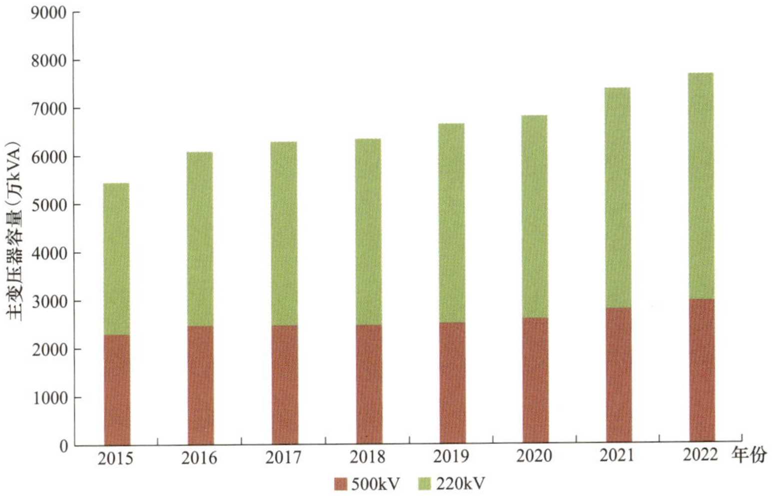

图3-11　2015—2022年贵州电网220kV及以上主变压器容量变化[2]

[1] 数据来源：南方五省（区）电力统计资料汇编。
[2] 数据来源：南方五省（区）电力统计资料汇编。

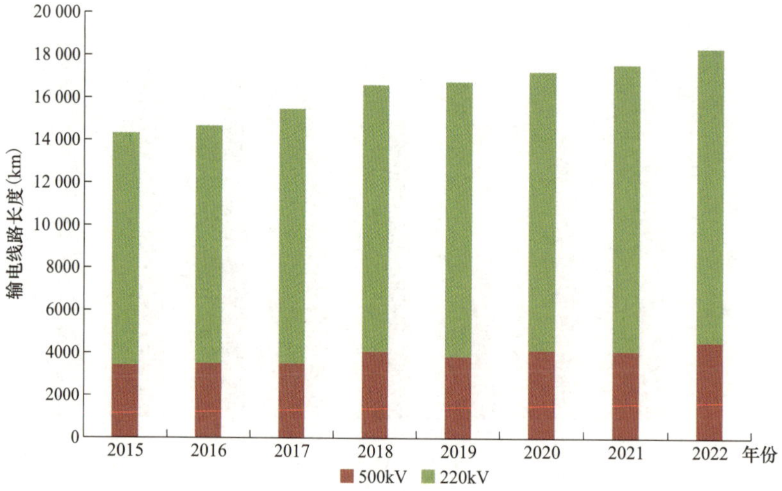

图 3-12　2015—2022 年贵州电网 220kV 及以上输电线路长度变化❶

2022 年，500kV 奢鸭线、兴独线等工程如期投产。截至 2022 年底，贵州电网 500kV 主网架已形成“三横两联一中心”的 500kV 目标网架形态。220kV 变电站已实现县域全覆盖，已形成以双环、不完全双环或双链式联络网架结构为主的 220kV 网架结构。

3.3.2.5　*海南电网*

2022 年，海南电网新增 220kV 及以上主变压器容量 90 万 kVA，同比增长 8%；新增 220kV 及以上输电线路 368.7km，同比增长 8.7%。

截至 2022 年底，海南电网共有 220kV 及以上公用变电站 35 座，主变压器容量 1221 万 kVA，220kV 及以上输电线路长度 4619.7km。2015—2022 年海南电网 220kV 及以上电网主变压器容量及输电线路长度变化分别如图 3-13 和图 3-14 所示。

2022 年，500kV 环岛主网架工程建设全面启动，按照数字电网标准打造首个省级 500kV 数字主网架，全力保障海南自贸港电力安全供应。截至 2022 年底，海南电网主网架已形成覆盖全岛的 220kV“目”字形双环网，并通过双回 500kV 交流线路与南方电网主网相连。220kV 电网在“目”字

❶ 数据来源：南方五省（区）电力统计资料汇编。

形环网的基础上，进一步加强优化电网结构、扩大各市县 220kV 电网覆盖率。

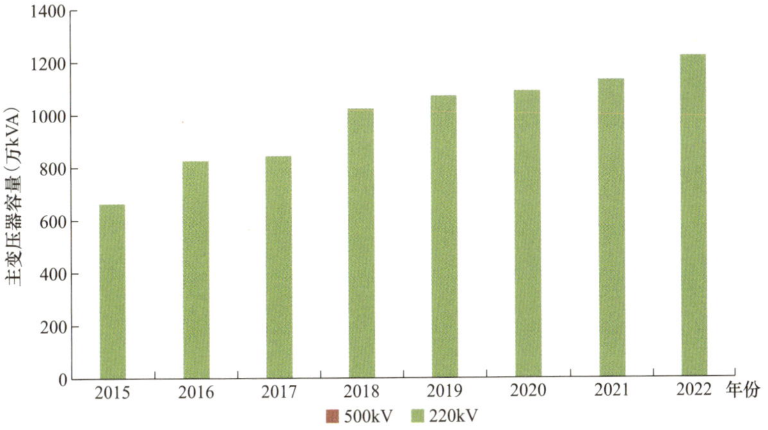

图 3-13 2015—2022 年海南电网 220kV 及以上电网主变压器容量变化❶

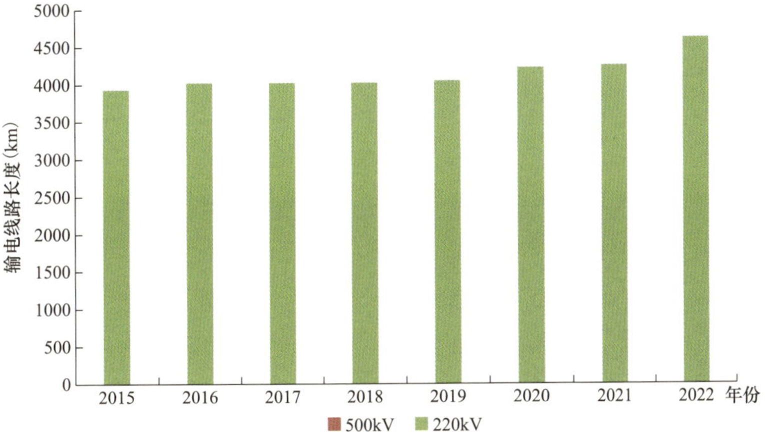

图 3-14 2015—2022 年海南电网 220kV 及以上输电线路长度变化❷

3.2.3 配电网

3.2.3.1 高压配电网

2022 年，南方电网新增 110kV 和 35kV 变电站 119 座；新增 110kV 和

❶ 数据来源：南方五省（区）电力统计资料汇编。

❷ 数据来源：南方五省（区）电力统计资料汇编。

35kV主变压器容量2042万kVA，同比增长4.9%；新增110kV和35kV输电线路1271km，同比增长0.6%。

截至2022年底，南方电网110kV和35kV变电站总计7691座；110kV和35kV主变压器容量总计43 507.4万kVA；110kV和35kV线路长度总计199 855.3km。2015—2022年南方电网110kV和35kV主变压器容量及线路长度变化分别如图3-15和图3-16所示。

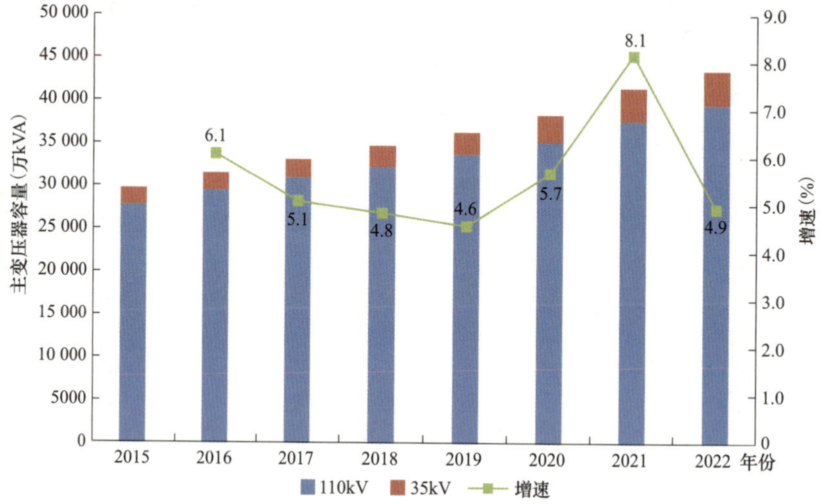

图3-15　2015—2022年南方电网110kV和35kV主变压器容量变化

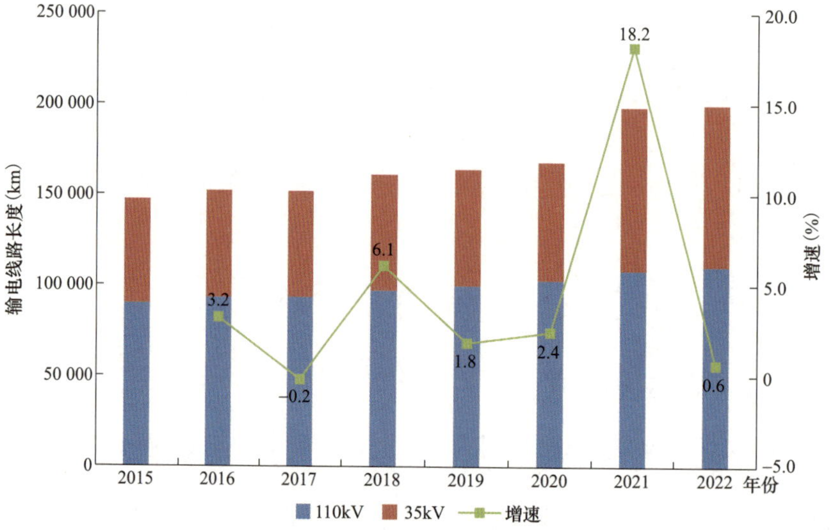

图3-16　2015—2022年南方电网110kV和35kV线路长度变化

3.2.3.2 中压配电网

截至2022年底，南方电网配电房总计307 071个，配电变压器总台数1 582 807台，配电变压器容量561 168MVA，10kV（含20kV）配电线路77 520条，线路总长度1 002 770km。2022年南方电网中压配电网规模如表3-4所示。

表3-4 2022年南方电网中压配电网规模

		全网	广东	广西	云南	贵州	海南	深圳
10kV（含20kV）馈线	条数	77 520	38 631	6873	11 705	9988	2648	7675
	长度/km	1 002 770	390 814	120 791	223 722	192 933	37 748	36 763
10kV（含20kV）配电变压器	台数	1 582 807	633 749	140 345	319 340	330 122	71 752	87 499
	容量/MVA	561 168	305 245	40 972	66 836	72 466	20 348	55 302
10kV（含20kV）配电房（开关站）	个数	307 071	217 063	13 586	39 538	8091	7268	21 525

3.2.4 电网互联互通

3.2.4.1 与港澳地区互联互通

（1）香港。截至2022年底，南方电网通过4回400kV线路、7回132kV线路与香港联网，对港最大送电能力达到180万kW。29年来，南方电网全力保障了香港电力可靠供应，通过南方电网向香港输送电量累计超过3000亿kWh，约占香港总用电量的1/4。持续向香港输送100%清洁能源，累计助力香港减少燃烧标准煤0.9亿t，减少二氧化碳排放2.4亿t。

南方电网与香港电力贸易形式以对港售电为主、购电为辅。2022年，广东售香港电量为123.47亿kWh，减少2.6亿kWh，同比降低2个百分点，输电规模较1997年增长近七成。“十三五”以来累计送受电量约1024.6亿kWh。其中向香港累计售电量达1013亿kWh，累计购电量达

11.6亿kWh。2015—2022年南方电网与香港送受电量如图3-17所示。

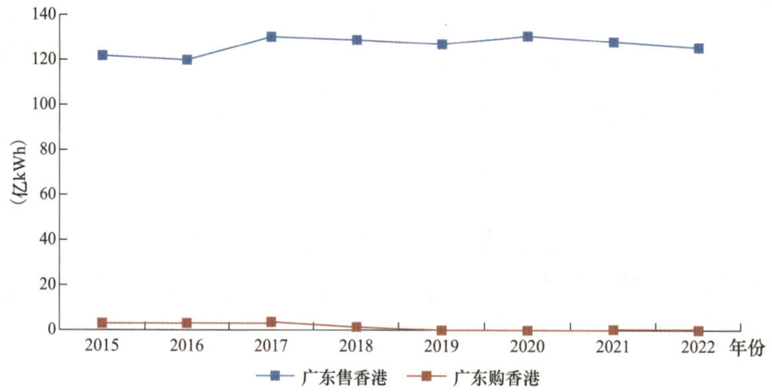

图3-17　2015—2022年南网与香港送受电量

（2）澳门。2022年11月25日粤澳联网220kV第三通道投产。至此，南方电网已建成“3+2”对澳门供电网架，即近区北、中、南3个220kV供电主通道，共8回220kV线路，对澳门输电能力再提升三成，达到170万kW；另有4回110kV输电线路，其中110kV南澳AB线、珠澳AB线为广东侧充电、澳门侧开关热备用状态。

2022年，广东售澳门电量48.7亿kWh，减少3.2亿kWh，同比下降6.1个百分点。“十三五”以来南方电网公司与澳门电网累计送受电量达371.2亿kWh左右，电力贸易形式全部为对澳售电。根据澳门特区政府官方统计数据，2003—2004年内地对澳售电量占澳门全社会用电量比重维持在8%～11%的水平。2005年以后，随着对澳供电通道的不断增加，对澳售电不断攀升，近年来每年售电量均在50亿kWh左右，对澳售电量占澳门全社会用电量比重保持在85%以上。2015—2022年南方电网与澳门送受电量如图3-18所示。

3.2.4.2　周边国家互联互通

截至2022年底，南方电网已形成14条与越南、老挝、缅甸相连的110kV电压等级及以上互联互通线路通道，其中在运线路9回，包括云南送越南3回220kV线路；云南送老挝1回115kV线路；云南送缅甸1回

500kV 线路、2 回 220kV 线路和 5 回 110kV 线路。

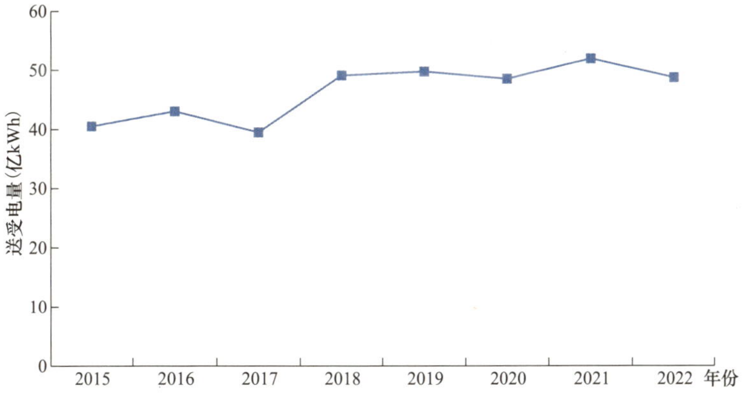

图 3-18　2015—2022 年南方电网与澳门送受电量

（1）越南。受电力紧缺影响，2021 年 8 月越南向中国南方电网有限公司提出了恢复联网购电的需求。南方电网有限公司积极响应，于 2022 年 1 月完成第四阶段购售电协议签署，2022 年 4 月，云南恢复了对越南的供电，中国红河与越南老街 220kV 电力联网双回线路恢复运行，中越电力贸易全面重启。2023 年 5 月，广西与越南正式签署 110kV 深沟至芒街联网工程购售电协议，时隔七年重启送电工作，预计月供电量 3000 万 kWh，第一阶段送电量近 6800 万 kWh。

截至 2022 年底，云南售越南电量 6.8 亿 kWh。“十三五”以来南方电网与越南电网累计送受电量约 109.4 亿 kWh，电力贸易形式全部为对越售电。2016—2022 年南方电网与越南送受电量如图 3-19 所示。

（2）缅甸。2022 年，云南售缅甸电量 7.8 亿 kWh，减少 0.3 亿 kWh，同比下降 3.6 个百分点，云南购缅甸电量 17.3 亿 kWh，增加 3.2 亿 kWh，同比增长 23 个百分点。

“十三五”以来南方电网公司与缅甸电网累计送受电量约 150.7 亿 kWh，电力贸易形式以缅甸水电回送为主、对缅北售电为辅。其中，云南售缅甸电量累计约 29.1 亿 kWh，云南购缅甸电量累计约 121.6 亿 kWh。2015—2022 年南方电网与缅甸送受电量如图 3-20 所示。

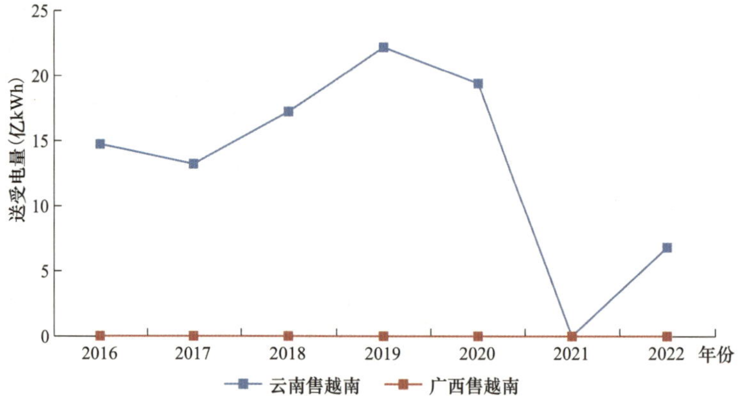

图 3-19　2016—2022 年南方电网与越南送受电量

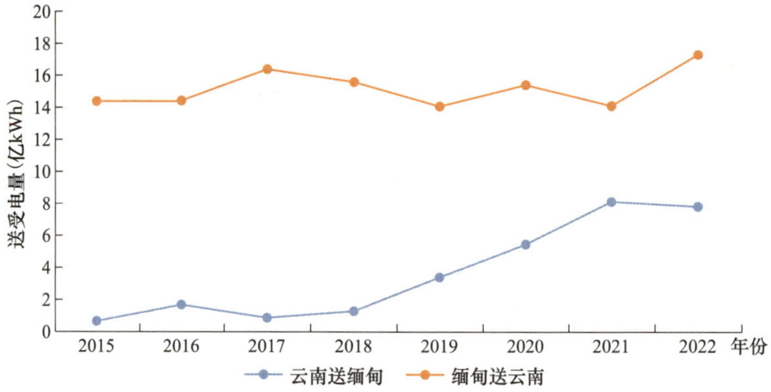

图 3-20　2015—2022 年南方电网与缅甸送受电量

（3）老挝。2009 年，南方电网有限公司通过云南西双版纳勐腊口岸实现向老挝 115kV 联网送电。截至 2022 年累计向老挝北部送电超 11 亿 kWh，有力促进了老挝经济社会可持续发展。2022 年 3 月，公司与老挝国家电力公司正式签署 115kV 中老联网项目购售电协议，协定汛期将老挝富余水电送至中国消纳，枯期由中国对老挝北部地区进行补充供电，实现两国电力互补。2022 年 6 月，老挝国家电力公司完成老挝侧电网改造，中老首次实现双向电力贸易，正式开启余缺互济电力贸易新篇章。2015—2022 年南方电网与老挝送受电量如图 3-21 所示。

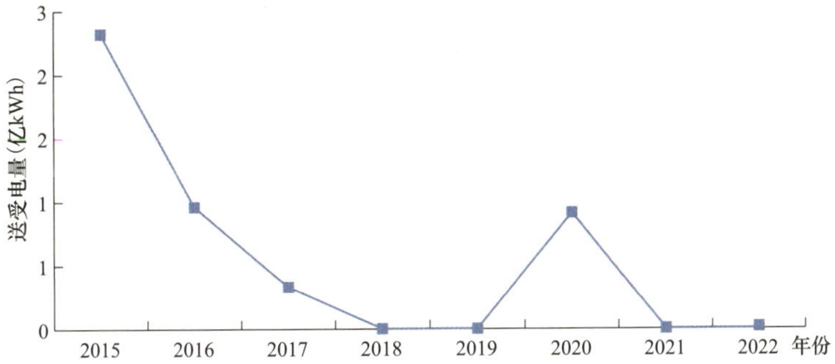

图 3-21　2015—2022 年南方电网与老挝送受电量

3.3　电网二次系统

3.3.1　调度自动化

3.3.1.1　系统配置情况

网级主站方面，截至 2022 年底，南方电网网级 OS2 主站已配置 195 个模块，应选模块配置完成率达到 100%。网级备调完善建设工程已竣工，备调基础设施完成改造，调度云同城备节点、13 套专业系统建成投运，实现对调度、方式、水新、保护、通信、自动化、网安等各专业核心业务系统的备份，进一步提升网级主备调同步值班、快速切换技术支持水平。

省级主站方面，截至 2022 年底，省级主站 OS2 系统应配模块总数 972 个，已建设模块 958 个，应选模块配置总体完成率为 98.6%，与 2021 年持平，建设覆盖率较低的为自然灾害监视模块。

地级主站（主网）方面，截至 2022 年底，地级主站 OS2 系统应配模块 7670 个，已建设应选模块 6715 个，应选模块配置总体完成率为 87.6%，同比提高 0.3 个百分点。

3.3.1.2　厂站配置情况

500kV 及以上厂站方面，截至 2022 年底，厂站 OS2 系统应配模块

21 176个，已建设模块21 176个，应配模块完成率为100%，同比提升4.6个百分点。500kV及以上变电站及电厂监控系统覆盖率、远动配置率、远动双机配置率、同步相量测量装置配置率、UPS覆盖率、时间同步系统覆盖率均为100%。

220kV厂站方面，截至2022年底，厂站OS2系统应配模块95 371个，已建设模块95 371个，应配模块完成率为100%，同比提升6.2个百分点。220kV变电站监控系统覆盖率、远动配置率、远动双机配置率均为100%；共144座220kV变电站配置同步相量测量装置（PMU），覆盖率为69.2%，同比提升2.7个百分点，PMU应配厂站配置率为100%；220kV电压等级变电站均具备纳入主站AVC统一调节，覆盖率为100%。

110kV厂站方面，截至2022年底，厂站OS2系统应配模块353 340个，已建设模块337 538个，应配模块完成率为97.1%，同比提升1.6个百分点。110kV变电站远动配置率为100%，远动双机配置率为98.8%；110kV变电站UPS覆盖率为99.7%，其中共有3174座变电站实现UPS双机冗余，占比为80.5%；110kV电压等级变电站均纳入主站AVC统一调节，覆盖率为100%。厂站OS2自动化厂站端模块覆盖统计如表3-5所示。

表3-5　　　　厂站OS2自动化厂站端模块覆盖统计

序号	名称	应配模块	已建设模块	2022年完成率（%）	2021年完成率（%）	同比增长率（%）
1	500kV及以上厂站	21 176	21 176	100	95.4	4.6
2	220kV厂站	95 371	95 371	100	93.8	6.2
3	110kV厂站	353 340	337 538	97.1%	95.5	1.6

3.3.1.3　系统运行情况

近年来，南方电网公司调度运行情况良好，各项指标稳步提升。2022年，南方电网调度自动化系统的主站系统可用率、远动系统可用率、主站AGC功能可用率等指标基本达到100%。事故遥信反映正确率也维持在99.99%以上。2015—2022年南方电网调度自动化（SCADA）系统运行指标统计如表3-6所示。

表 3-6　2015—2022 年南方电网调度自动化（SCADA）系统运行指标统计

指标	2015 年	2016 年	2017 年	2018 年	2019 年	2020 年	2021 年	2022 年
主站系统可用率（%）	100	100	100	100	100	100	100	100
远动系统可用率（%）	99.998 5	99.998 3	99.999	99.999	99.999 8	99.999 9	100	100
主站 AGC 功能可用率（%）	100	100	100	100	100	99.89	99.8	100
事故遥信反映正确率（%）	100	100	100	100	100	100	99.999	99.998

3.3.2　继电保护及安全自动装置

3.3.2.1　继电保护

截至 2022 年底，南方电网公司 220kV 以上保护装置 38 358 套，新增 643 套，同比增长 1.7 个百分点。其中 500kV 系统有 9242 套保护装置，同比增长 3.4%。220kV 系统有 29 116 套保护装置，同比增长 2.2 个百分点。2015—2022 年南方电网 500kV 及 220kV 保护装置规模如图 3-22 所示。

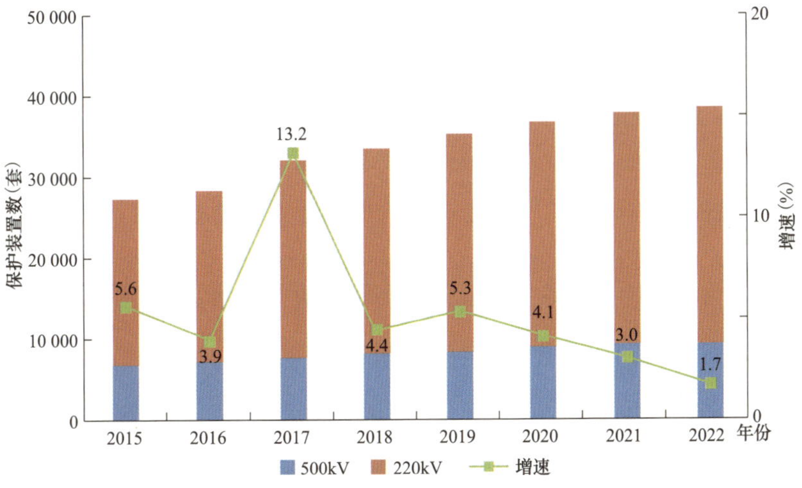

图 3-22　2015—2022 年南方电网 500kV 及 220kV 保护装置规模

近年来，南方电网继电保护装置及其管理水平的不断提升。220kV 及以上系统继电保护装置正确动作率稳定在 99.9% 以上。2015—2022 年

220kV及以上系统继电保护装置动作统计如表3-7所示。

表3-7　2015—2022年220kV及以上系统继电保护装置动作统计

指标	2015年	2016年	2017年	2018年	2019年	2020年	2021年	2022年
动作次数（次）	18 265	19 641	17 559	20 001	15 318	13 932	14 285	13 957
正确动作率（%）	99.92	99.93	99.95	99.94	99.95	99.95	99.94	99.94

3.3.2.2　安全自动装置

截至2022年底，南方电网安稳系统共有稳控装置7596套，年增长3.9%，其中电力系统稳定控制装置1262套，电力系统自动解列装置511套，自动低频低压减负荷装置1636套，自动联切消除设备过负荷装置41套，频率越限切机装置69套，备用电源自动投入装置3731套，综合安全自动装置346套。2015—2022年南方电网的安全自动装置规模情况如图3-23所示。

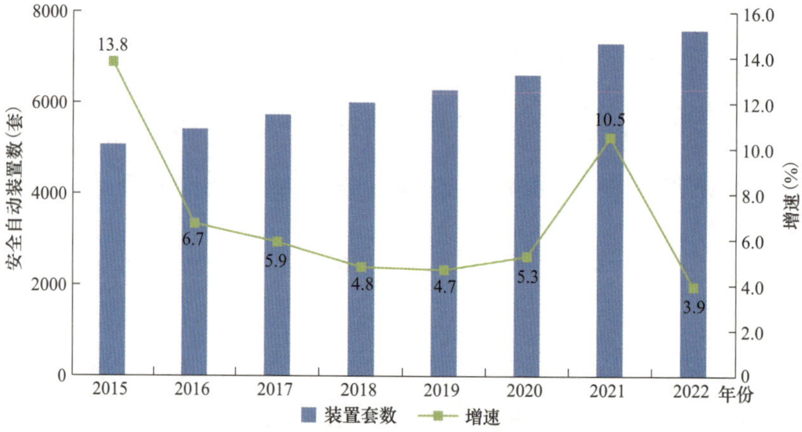

图3-23　2015—2022年南方电网的安全自动装置规模

近年来，南方电网装备技术以及管理的精益化水平不断提高。110kV及以上安全自动装置正确动作率维持在99.6%以上，运行情况良好。2015—2022年南方电网110kV及以上安全自动装置动作统计如表3-8所示。

表3-8　2015—2022年南方电网110kV及以上安全自动装置动作统计

指标	2015年	2016年	2017年	2018年	2019年	2020年	2021年	2022年
动作次数（次）	629	519	449	577	1133	1128	927	2418
正确动作率（%）	100	100	99.78	99.65	99.65	99.82	100	99.96

3.3.3　电力通信

截至 2022 年底，南方电网全网光缆线路总里程 286 500km，新增 12 714km，同比增长 4.6%，35kV 以上厂站光缆覆盖率达到 91.3%，同比增加 0.3%，2015—2022 年南方电网光缆线路总里程情况如图 3-24 所示。

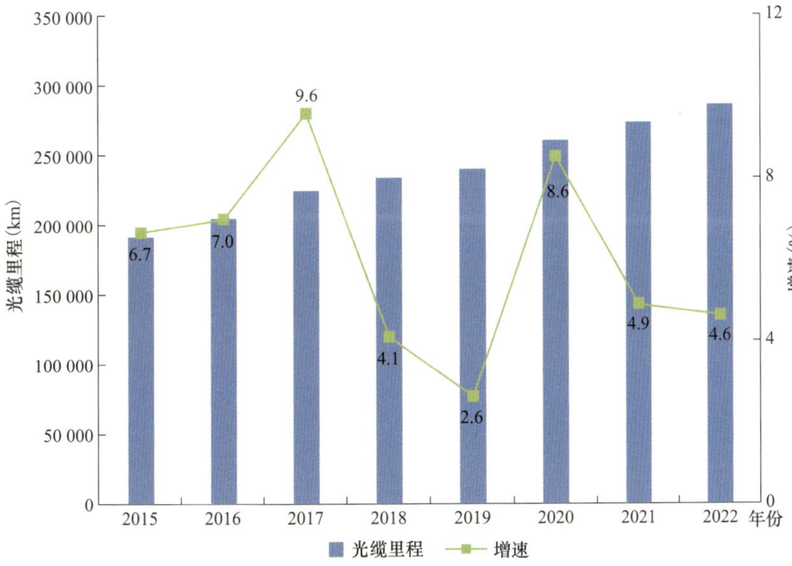

图 3-24　2015—2022 年南方电网光缆线路总里程

网络覆盖率方面，南方电网 35kV 以上厂站光传输网覆盖率达到 90.8%，同比增长 0.2 个百分点；35kV 以上厂站调度数据网覆盖率达到 87.2%；35kV 以上厂站综合数据网覆盖率达到 85.4%，同比增长 0.6 分百分点。2015—2022 年南方电网 35kV 以上厂站光传输网覆盖率、35kV 以上厂站调度数据网覆盖率、2014—2022 年南方电网综合数据网覆盖率分别如图 3-25～图 3-27 所示。

近年来，南方电网通信网络运行水平和业务保障水平不断提高，设备故障率明显减少，多项业务保障指标和设备运行指标逐年优化。一、二级视频会议保障率和紧急缺陷消除率接近 100%。220kV 及以上生产实时控制业务通信通道平均中断时间大幅下降，从 2015 年 21.24min/条，降低到 2022 年 0min/条。2015—2022 年南方电网通信网络运行指标统计如表 3-9 所示。

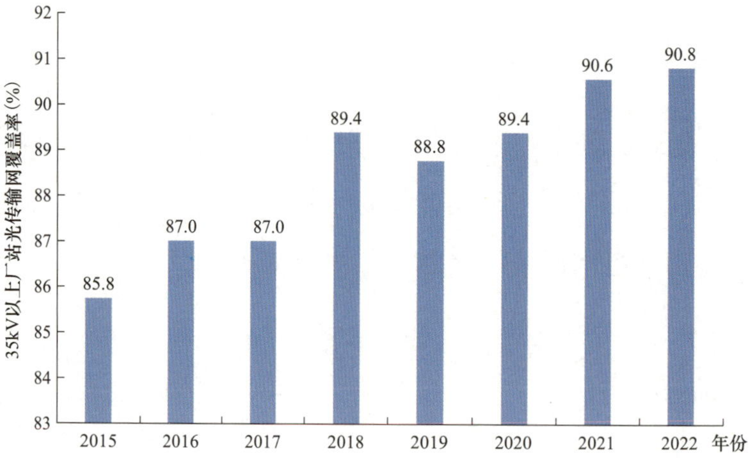

图 3-25　2015—2022年南方电网35kV以上厂站光传输网覆盖率

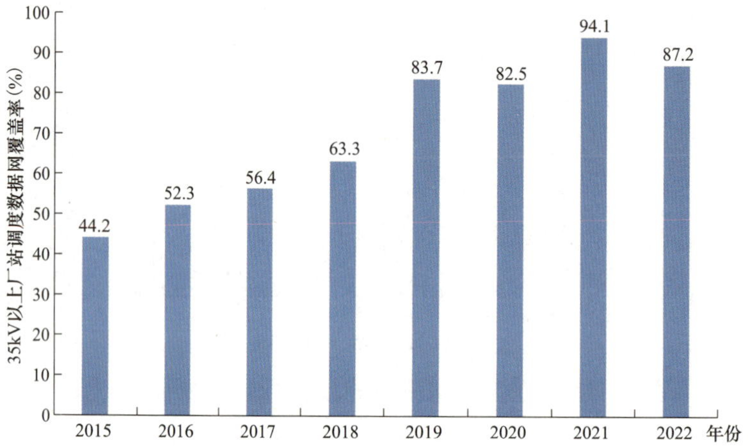

图 3-26　2015—2022年南方电网35kV以上厂站调度数据网覆盖率

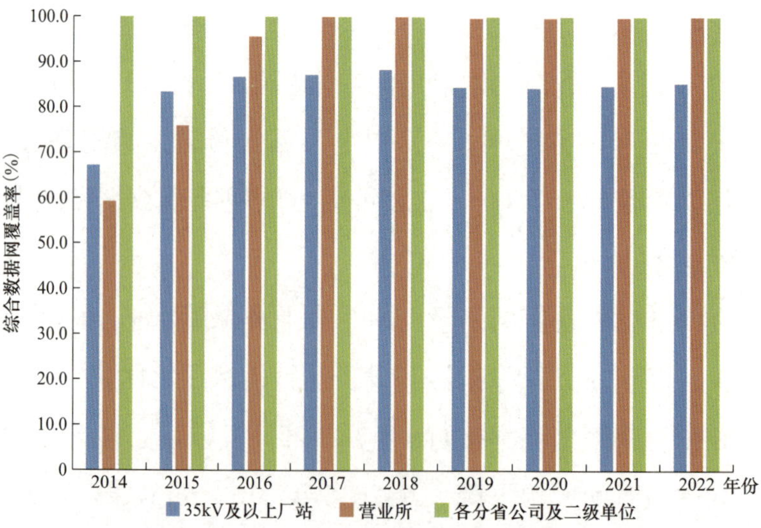

图 3-27　2014—2022年南方电网综合数据网覆盖率

表3-9　　2015—2022年南方电网通信网络运行指标

指标＼年份	2015年	2016年	2017年	2018年	2019年	2020年	2021年	2022年
220kV及以上生产实时控制业务通信通道平均中断时间（min/条）	21.24	12.78	5.10	0.78	4.02	0	0.04	0
信息业务节点平均中断时间（min/个）	0.027	0.599	0.019	0	0.044	0	0.179	0.042
一、二级视频会议保障率（%）	99.990	99.997	99.996	99.998	99.994	99.998	99.997	99.998
紧急缺陷消除率（%）	100	100	100	100	100	100	100	100
调度电话用户可用率（%）	100	100	100	100	100	100	100	100

3.4　数字电网建设

3.4.1　南方电网有限公司推进数字化转型举措

南方电网有限公司加快数字化转型步伐，助力新型电力系统建设。2021年1月，南方电网有限公司启动数字化转型和数字电网建设促进“三商”转型研究。2021年5月，举办数字电网推动构建新型电力系统专家研讨会。2021年7月，发布《南方电网公司数字化转型和数字电网建设促进“三商”转型行动方案》。2021年11月，参加“首届数字政府建设峰会成果展”，充分展示以数字电网助力数字政府建设相关成果。2022年3月，发布《南方电网公司“十四五”数字化规划》，将进一步把数字技术作为核心生产力，按照“巩固、完善、提升、发展”的总体策略推进数字化转型及数字电网建设可持续发展，推动电网向安全、可靠、绿色、高效、智能转型升级。

2022年，南方电网有限公司全面落实国资委工作部署，全员数字化素养有效提升，规划实施机制有效运作，“十四五”数字化规划有序推进，取得了一系列成果。数字电网建设全面纳入五省（区）政府2022年工作部署，电网管理平台全网单轨，业财协同全面贯通；数字服务全网推广；云景上线，开创数字运营新阶段；数据资产凭证模式全面推广，数字产业生态有序构建；“东数西算”核心基础设施节点年内开工，513项目成功入选国家级示范工程，“伏羲”实现中国专利金奖“零”突破，南网智瞰荣获第三届中国工业互联网大赛领军组第一名，数字集团《面向新型电力系统的电力全域物联网平台建设与应用》获评2022世界物联网大会金奖成果，DCMM获评最高五级，《“碳数”电力看双碳与数字绿电解决方案》荣膺“2022年直通乌镇全球互联网大赛”一等奖，“护网2022”实现“三不一零”目标，二十大保障任务圆满完成，有关工作成绩获得党中央领导的批示肯定；南网数字集团改革初显成效，数字技术融通创新全面加速，持续扩大数字化转型先发优势，圆满完成2022年各项工作任务。

3.4.2 数字技术平台建设情况

3.4.2.1 全域物联网

根据数字化转型和全域物联网建设方案的工作要求，以业务需求为导向，以“提质增效”为目标，南方电网有限公司搭建了以感知层、网络层、平台层、应用层为主体的全域物联网总体架构，各层之间相互协同，形成有机整体。对内实现对电网状态的全面实时感知，支撑属地化的实时操作和业务响应，促进云边端的全面协同；对外跨越物理电网边界，丰富数据采集来源，为实现价值链的延伸提供有效手段。南网物联网平台建设蓝图如图3-28所示。

截至2022年底，南方电网公司通过建成全网统一的物联网平台，实现亿万级终端便捷接入、终端互联互通。完成了物联网顶层设计，统一纳管终端83万个，数据1140亿条，较2021年提升35%。

3.4.2.2 南网云

南网云平台作为数字南网建设的重要基础平台之一，根据南方电网公司战略转型发展要求，构建以基础设施（IaaS）、基础服务（PaaS）和云管理平台 3 大部分为核心的南网云平台架构，全面支撑南方电网公司四大业务平台建设和运行，引领从传统电网向数字电网转型和变革。南网云建设蓝图如图 3-29 所示。

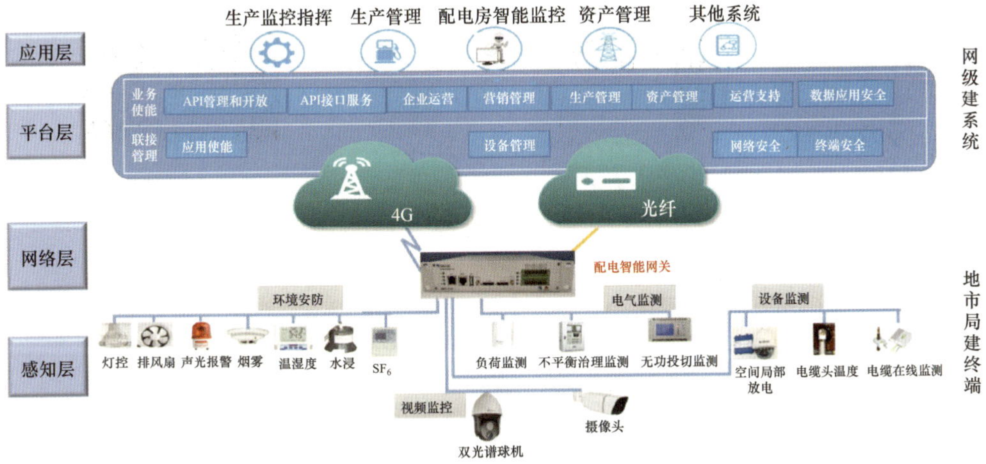

图 3-28　南网物联网平台建设蓝图

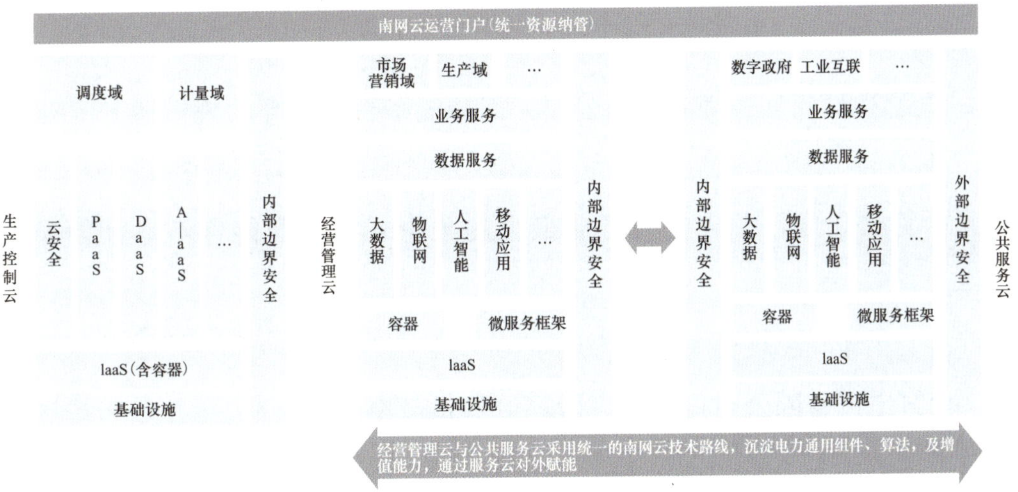

图 3-29　南网云建设蓝图

截至 2022 年底，南网云平台持续扩大算力规模，算力规模突破 7500 节点，超额完成年度纳管目标（超 500 节点），资源支撑能力同比提升 40%，加速向“云边融合”一体化发展；南网公有云获批首批国资行业云，完成建设工作方案和运营模式设计。

3.4.2.3　人工智能平台

为贯彻国家关于发展人工智能的战略部署，南方电网公司启动全网统一的人工智能基础平台的建设工作，围绕“数据、算法、算力”三大核心要素，构建“云—边—端”协同的全栈式人工智能平台。南网人工智能平台建设蓝图如图3-30所示。

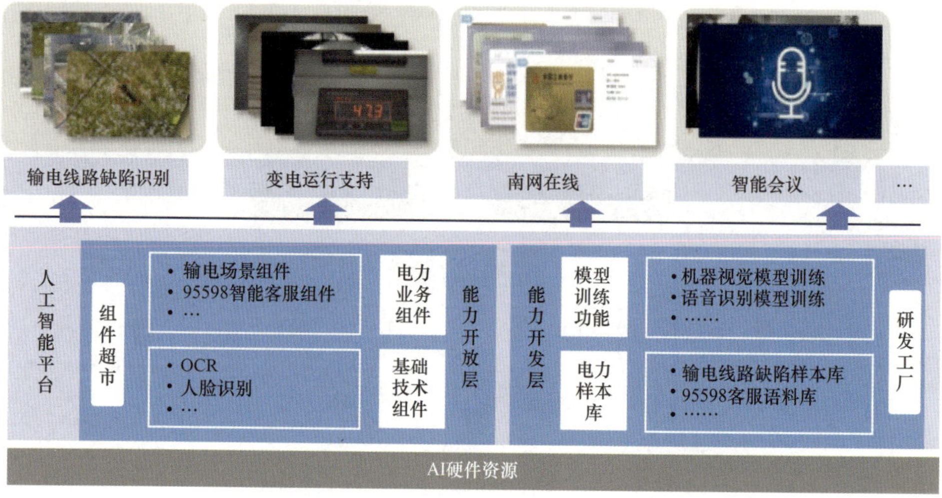

图3-30 南网人工智能平台建设蓝图

截至2022年底，南方电网公司人工智能平台总部算力规模达85PFlops（千万亿次浮点指令/s），累计完成3500万张图像样本、4400h语音样本及1000个算法研发，形成电力行业最大的集中式人工智能样本库和模型算法库。

3.4.2.4 区块链平台

南方电网有限公司积极响应国家区块链战略，从2017年开始布局区块链技术领域。至2022年底，南方电网有限公司区块链平台实现模型和算法下沉边端，赋能边缘侧柔性智能控制和协同互动，构建数据充分共享、安全、可信的能源大数据中心技术底座，形成“边缘智能”“端边互补”和“云边协同”的核心技术能力，支撑智慧台区、智能费控、电费对账三大业务应用。

3.4.2.5 大数据中心

南方电网公司按照将数据中心由“旁站式”向“底座式”转变的总体思路，围绕数据供应链过程，开展数据中心各项能力建设。数据中心定位于各业务平台的基础数据底座，满足南方电网公司各层级业务对数据应用的全栈式需求。云数一体的分布式数据中心采用先进的混合事务分析处理总体技术架构，建成可靠、高效、稳定的数据能力。

现阶段，数据中心已引入先进技术和成熟组件产品，打造了云数一体的统一数据技术体系，率先实现了数据中心资源管理弹性化、模型设计管控统一化、事务型和分析型数据管理一体化、海量异构多频数据计算实时化、数据供给服务化的“五化”技术特性，实现了业内领先的采集、建模、存储、计算和服务全栈式技术能力。截至 2022 年，南方电网统一底座式数据中心，累计接入数据 3.6PB，升级多源异构数据混合处理技术能力，具备全域数据实时汇聚、存储和共享能力。

南网云化数据中心建设蓝图如图 3-31 所示。

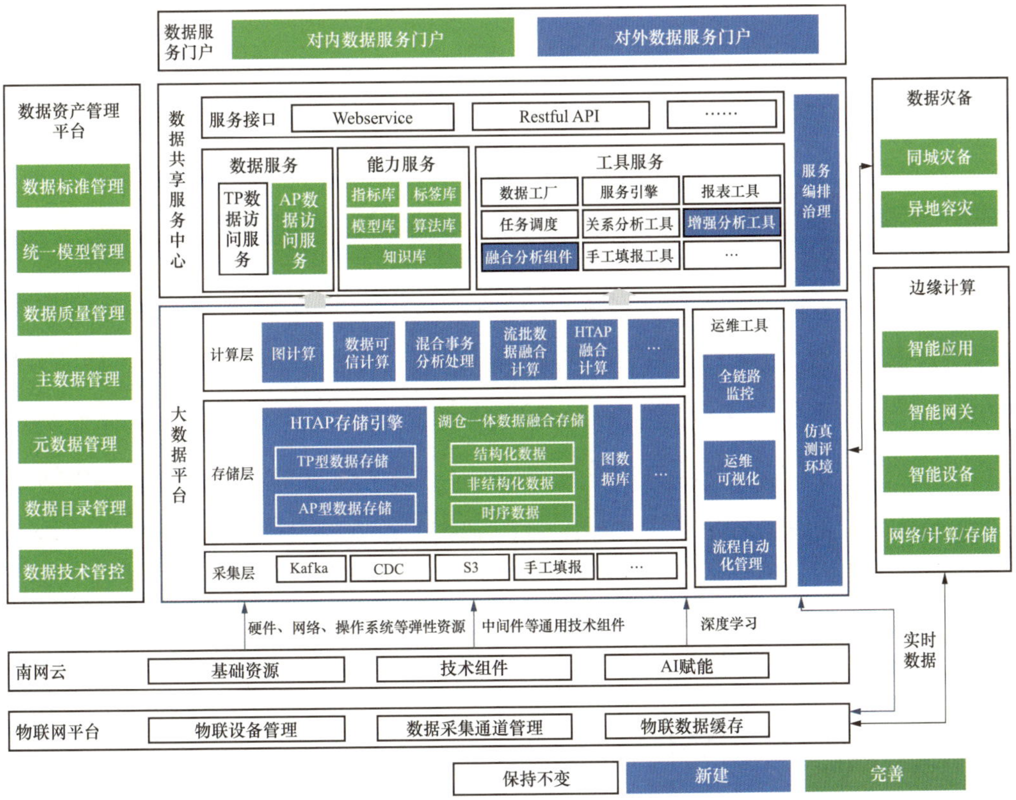

图 3-31　南网云化数据中心建设蓝图

3.4.2.6 企业中台

南方电网公司以共享服务理念为核心，打造以共享为核心的电网数字化平台，沉淀数字化资产，以数据驱动业务变革，以业务反哺数据资产，实现以“业务协同+数据共享”双轮驱动，面向前端业务平台，以统一化、标准化的共享服务，助力业务应用的快速构建与优化迭代，支撑电网业务数字化运营与创新。

业务、数据共享服务方面，当前初步形成了设备中心、合同中心、项目中心等7大中心、23大服务库的360项业务共享服务、680项数据服务，形成了为跨业务领域的业务活动提供通用、标准、可共享的共享服务的能力。

技术共享服务方面，有效解决应用之间的架构重复实现，技术无法统一，资源成本浪费的问题，一站式应用全生命周期管理、保障技术组件全天候可复用、统一管理企业API，为企业共享服务提供强有力技术支撑。

共享服务管理平台方面，为服务开发者提供强大的自助式服务构建工具，打造持续交付能力，另一方面为服务管理者提供可视化的服务管控工具，打造数据资产平台化、数字化运营能力，未来最终实现共享服务可视、可管、可控、可优。

截至2022年底，南方电网公司加强“云集”企业级中台建设，完成项目、合同、设备、用户、员工、客户、成本、资金、发票和业务伙伴10大中心461项共享服务上线运行，持续铸造可复用核心能力，有效支撑业财协同等场景贯通。数据中台完成600项指标、476项标签建设；技术中台40个服务组件；安全中台完成身份认证、密码鉴定等20项服务；初步建成“云集”企业级中台核心能力，有效支撑营配调协同、业财协同等场景建设。南网企业级中台建设蓝图如图3-32所示。

3.4.3 电网数字化应用情况

3.4.3.1 输电数字化

2022年，南方电网输电数字化从“试点建设”走向“规模化应用”，推

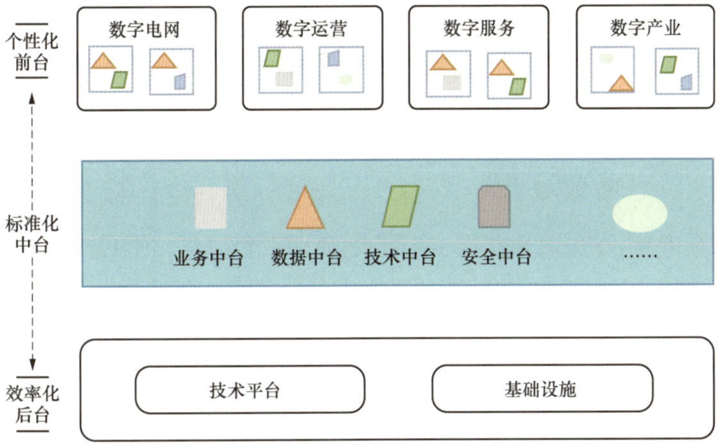

图 3-32　南网企业级中台建设蓝图

进南方电网 110kV 及以上线路三维数字化通道全覆盖、多旋翼无人机自主巡检、外部隐患智能传感终端全覆盖，实现 110kV 及以上架空一电缆混合线路、电缆 T 接等关键线路精确故障定位全覆盖；重要线路通道可视化覆盖率达到 20%，重载线路交叉跨越导线位置监测覆盖率达到 30%，输电杆塔地质灾害监测达到 50%，智能终端物联网平台接入率 60%，机巡（含无人机、视频终端等）业务占比 75%，智能巡检行业领先。

3.4.3.2　变电数字化

截至 2022 年，南方电网数字变电实现了远方巡视为主、人工检查为辅的变电运维新模式。一是建设新一代变电运行支持系统。优化整合现有系统，结合机器人、摄像头、无人机、在线监测、智能装备等设备，依托智能视觉识别、三维虚拟仿真等关键技术，汇聚融合电网运行数据、设备状态数据、在线监测数据、视频与环境监测数据、电能计量数据等，打通变电站的感知、分析、决策、业务等各环节，贯穿“总部一省公司一地市局一巡维中心一变电站”，建成网省地巡维中心变电运行驾驶舱，支持无人值班、设备集中监控、业务智能在线，将传统的“经验驱动、事后应对、人工作业”模式转变为“数据驱动、主动预防、智慧作业”。二是制定变电运行支持系统配套标准。支持打造统一、开放的网级变电应用商量，夯实新一代变电运行支持系统大规模推广的基础，基于“统一数据、统一接口、统一平台、统一应用”的原则，制定系统配套系列规范和标准，持续推广成熟数字变电新技术及新装备。三是设备本身感知能力得到有效提升。变压器、高压开关等设备开始推广应用微传感装置，及时淘汰实效性差、可靠性低、缺陷/故障率高的设备与终端。

3.4.3.3　配电数字化

基于南方电网公司“4321”数字化转型的架构，围绕电力物联网平台，打造“‘云－管－边－端’的应用＋平台＋智能网关＋传感终端”一体化数字配电网综合解决方案，加快建立一套网级统一的现代化智能配电技术体系，加快建设“安全、可靠、绿色、高效、智能”的现代化配电网，以解决现有配电网点多面广，体量巨大，存在终端设备功能单一、系统平台相互独立、数据模型互不兼容、信息服务无法共享等突出问题，作为供电服务的“最后一公里”，降低基层运维难度和提升末端供电服务质量。

2022年，南方电网在数字配电方面取得了行业领先，配电自动化遥控成功率97.49%，应控必控率97.15%，有力支撑供电可靠性提升，2022年公司全口径用户平均停电时间同比下降超过20%，粤港澳大湾区户均停电时间进入1h以内，深圳福田中心区、珠海横琴新区等示范区降低至2min以内，达到国际同类城市顶尖水平；调度领域推动云边融合智能调度运行平台综合示范工程建设，初步建成广西、珠海边缘集群主站，有力支撑数字调控体系探索和建设。

3.4.3.4　用电数字化

2022年，南方电网在用电数字化方面开展了大量工作，计量自动化终端覆盖率大幅提升，全网计量自动化终端覆盖率达到80%以上。按照“一主两域、云边协同”思路设计新一代计量自动化主站技术架构，在广东电网公司启动试点建设。全面推广宽带载波通信技术，实施通信模块集约化申购，强化资产档案管理和质量管控。完成计量自动化系统及16.1万套计量装置升级改造，实现现货计量运行数据、指标网级直采监控。

3.4.3.5　电网运行数字化

2022年，南方电网基于云边融合智能调度运行平台，开展电网运行数字化建设。平台建设方面，开展云边融合架构理论研究和顶层设计，发布体系化技术规范，研制即插即用边缘网关，全面推动综合示范工程建设；初步建成两地三中心调度云，支撑核心业务系统应用级容灾；建成行业首个云超算平台，提供5.02万核云计算、825万亿次每秒超算能力资源。数字电网运行方面，网省新能源AGC主站控制功能全覆盖，地级及以上新能源AVC主站覆盖超50%，集中式新能源100%纳入云端监视，重点区域30个500kV厂站谐波监测功能完成部署；推进人工智能与业务深度融合，AI负荷预测投入单轨运行，打造全国首个新能源精确预测平台，实现精细化数值天气预报，基于电力知识图谱实现调度操作智能防误功能，大幅提升新型电力系统“三可”“三预”能力；调控一体化能力进一步提升，35kV厂站集中监控率达到98.5%，隔离开关遥控覆盖率达到60%，智能告警实用化率达到95%；成功突破核心元器件及基础软件“卡脖子”局面，在国内率先实现了调度主站及各电压等级变电站二次设备全自主可控，自主可控规模达40%。现货市场运营方面，建成全国首个区域电力现货系统，出清全过程闭环运转，支撑电能量以及调频、调峰、备用辅助服务等多个市场品种运营；建成南方区域跨省备用市场系统，投运全国首个区域调频辅助服务市场，实现五省区全覆盖。建成行业首个第三方现货市场动态监测系统，为区域现货市场平稳、有序发展保驾护航；自主可控求解器研制列入国资委央企关键核心技术攻关清单，日前市场一次出清成功率从年初的20%提升至85%。调度运行应用架构如图3-33所示。

3.4.3.6　能源服务及储能数字化

（1）能源服务数字化。绿电市场体系基本构建，上线绿色电力交易模块（一期），支撑首批绿电交易用户“双证”（绿证、绿电消费凭证）颁发，首次支持南方区域90%中长期电量交易，满足南方区域现货市场日交易申报要求。2022年，南方区域绿电交易成交电量38.3亿kWh，是2021年的3.8倍。

2022年上线工业节能等增值产品18项（累计达51项），累计交易额

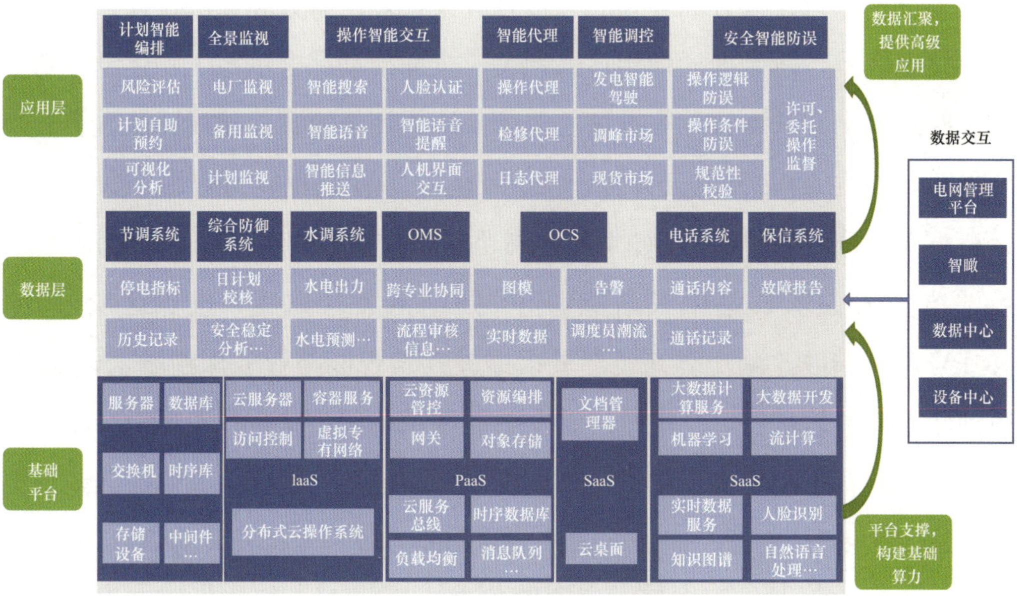

图 3-33　调度运行应用架构

36.66 亿元，同比增长近 5.4 倍，有力支撑业务模式创新；平稳统筹兴业银行等 5 家外部机构，短时间完成银电联网协议修订及联名卡功能上线，助力公司顺利发行联名卡。功能上线后运行平稳，支持广东地区联名卡业务发行 23.7 万张联名卡，累计充值电费 2480 万余元。

（2）储能数字化。南方电网公司打通了平台运营商、储能用户、调度机构及市场运营机构等信息交互渠道，建立分布式储能资源聚合接受调度、参与市场的模式与机制。截至 2022 年底，分布式储能设备运营数据联网率达到 100%。

3.5　电网技术创新

（1）大型抽水蓄能机组数智调速系统。2023 年 4 月，南网储能公司研发的我国首个全自主可控大型抽水蓄能机组数智调速系统“XS－1000G”通过中国电器工业协会组织的科技成果鉴定，整体达到国际先进水平，其中，基于云边端协同的数智调速系统状态智能分析与故障预警、多接力器同步协调控制技术等达到国际领先水平。这标志着我国在抽水蓄能机组关键控制保护技术全面自主可控上取得了实质性突破，有力增强了我国抽水蓄能产业链供应链的竞争力和安全性。XS—1000G型调速系统如图3-34所示。

图3-34 XS—1000G型调速系统

XS—1000G型调速系统采用多项创新技术，控制系统实现完全自主可控，具有算法高效、功能完备、性能优异等特点，并成功应用于广蓄电站7号机组。截至2023年4月中旬，XS—1000G型调速系统已连续运行逾500h，工况启动次数达150余次，性能稳定可靠。

（2）配网实时风险诊断及预警系统。2023年4月，南方电网公司首个以运规协同为核心的配网实时风险诊断及预警系统在深圳供电局配网网格规划“数智大脑”平台上线。凭借多维度AI智能风险诊断算法，实时态系统打通配网“运规协同”可测、可视、可控，使配网运行管理由故障“事后救火”转变为风险“事前高效预防”。

该系统整合20余项可靠性管理关键技术参数，建立了基于“AI专家算法”的五级风险值智能诊断机制，实现分析风险类型、综合风险评价打分、可视化风险分布地图等功能，可智能诊断出可能导致故障概率上升的设备因素、可靠性高损的运行因素、长时间停电的网架因素等。实时态系统还能进一步判断故障概率较大，且影响用户较多的线路是否具备快速复电的能力，并自动触发网架类、运行类、设备类三类风险预警通知及调整策略建议，减少人工判别和优化策略制定的工作量和时间成本。

（3）25ms级LW－550型550kV快速交流断路器。2023年6月9日，由南网科研院生技中心主持研制的25ms级LW－550型550kV快速交流断路器在广东电网公司佛山供电局挂网试运行基地成功投运。该产品实现了最长开断时间在25ms以内，较行业内同参数的500kV交流断路器最长开断时间40ms缩短了15ms。该项技术经鉴定整体达到国际领先水平，具备广泛推广和应用价值。

高压交流断路器是电力系统重要的控制和保护设备，是电力系统的“卫士”。当系统正常运行时，它能切断和接通线路及各种电气设备的空载和负载电流；当系统发生故障时，它和继电保护配合，能迅速切断故障电流，保证系统运行安全稳定。目前受限于交流断路器的开断技术水平，系统隔离500kV输电线路故障耗时较长，在一定程度上削弱了输电线路的送电能力和电网系统的稳定性。因此，研制500kV快速交流断路器，对于增强输电线路的送电能力以及提升电网的安全稳定性具有极其重要意义。

（4）110kV高压电缆超低频余弦方波局部放电检测成套装置。2022年8月，由深圳供电局研制的110kV高压电缆超低频余弦方波局部放电检测成套装置（以下简称余弦方波检测装置）在深圳试点应用。该装置可对110kV输电电缆同时进行多种绝缘数据测试，绝缘检测效率提升1倍以上。

电缆绝缘测试包含耐压测试、局部放电测试以及介质损耗测试，分别从不同的电缆属性参数来评估诊断电缆健康状态。超低频余弦方波测试技术是电缆新型绝缘测试技术，在全球配电网领域逐步推广，可以同时进行电缆耐压、局部放电、介质损耗“三合一”测试，大幅度缩短了测试期间的停电时长。但是由于技术限制，该技术暂未能在110kV及以上电压等级的线路应用，国内外也没有厂商开发相应的检测装置。为此，深圳供电局利用全国产元器件研制余弦方波检测装置。该装置包含余弦方波发生器和分布式同步检测单元两大模块，前者作为装置中的核心单元，可实现最高 180kV 峰值电压的输出，后者则可对电缆缺陷损坏部分进行准确定位，这使得该装置兼具 110kV 输电电缆“三合一”测试功能。该装置重量与体积仅为传统检测设备的四分之一，便于现场搬运、安装和测试，是一种综合经济有效的电缆绝缘测试装置。从现场准备到“三合一”试验完成，全程耗时不到一天，较传统模式节省了至少一半的时间。

（5）国产有载分接开关的换流变压器。2022 年 1 月，国内首台采用国产有载分接开关的换流变压器通过型式试验，标志着由南方电网公司联合产业链上下游企业共同研发的具有自主知识产权的 6000kVA 有载分接开关，在我国高端电工装备行业实现示范应用，成功化解了换流变关键核心部件“卡脖子”难题。换流变压器有载分接开关调试现场如图 3-35 所示。

图 3-35 换流变压器有载分接开关调试现场

有载分接开关是高度复杂和精密的设备。据南方电网超高压公司高级技术专家邓军介绍，换流变压器有载分接开关有 1000 多个零部件，切换次数非常频繁，一年高达 6000 余次，一次切换包括 9 个过程，每次动作涉及 400

多个零部件的精密配合，而且每个过程的时序配合为毫秒级，动作过程中涉及电、热、力多场耦合作用。南方电网超高压公司联合产业链上下游企业共同组建的攻关团队经过 2 年多努力，攻克了真空开关管等核心技术难题，成功研制出了额定容量 6000kVA、最大电压 6000V、最大额定电流 1300A 的大容量换流变压器有载分接开关，实现了“原材料—组部件—整机”全链条的国产制造。

（6）基于前端山火智能识别技术的可视化平台。2022 年 1 月，南方电网创新性打造国内首个基于前端山火智能识别技术的可视化平台在粤投入运用。该平台系统可以自动识别线路杆塔，根据杆塔位置划分线路走廊区域，准确标记区域内的山火隐患目标，并对比多期影像判断烟雾及山火形态，实现前端山火智能识别，识别准确率达 90.8%，最大限度消除防山火死角盲区。同时，南方电网还自主开发山火跳闸风险评估软件，通过山火风险分布图识别高风险区域，基于三维点云数据自动提取线路与植被空间距离，识别典型树种，评估跳闸风险，支撑输电线路防山火运维和隐患精准清理。目前，该软件已在昆柳龙直流输电工程等线路开展山火风险评估，指导隐患精准清理，降低山火对线路影响，极大提升山火防控水平。

（7）±800kV 特高压直流输电线路抢修塔。2022 年 6 月，由中国南方电网有限公司和陕西秦能电力科技股份有限公司共同研发的±800kV 特高压直流输电线路抢修塔在西安完成真型塔试验，经过中国电力科学研究院专家现场测试，各种指标满足设计要求。成功的填补了国际、国内±800kV 特高压直流输电线路应急抢修的装备空白。

迄今为止，该抢修塔为最高电压等级，属国内首创。抢修塔全高 72m，底座采用万向铰接支座，塔身采用框架式结构，用航空铝材铆接而成，承载能力强、重量轻，且可根据现场实际灵活调整高度，能够在两天短时间内恢复线路送电。将成为特高压直流输电线路应急抢修快速恢复送电的利器，助力国家“双碳”战略目标实现。±800kV 特高压直流输电线路抢修塔试验现场如图 3-36 所示。

图 3-36　±800kV 特高压直流输电线路抢修塔试验现场

(8) 兆瓦级漂浮式波浪能发电装置。2023 年 1 月，由广东电网公司牵头，国家海洋技术中心、中科院广州能源所、南网科技公司、海南电网公司、哈尔滨工程大学等单位承担的国家重点研发计划兆瓦级波浪能发电装置关键技术研究及示范验证项目研制的世界首台兆瓦级漂浮式波浪能发电装置在广东中远海运重工完成平台主体建造，开展下水调试工作，平面面积超 3500m^2、重超 4000t 的巨型装置成功实现水上“漂浮”，标志着兆瓦级波浪能发电技术从理论研究正式迈入了工程实践的新发展阶段。

兆瓦级漂浮式波浪能发电装置包括了发电平台、液压系统、发电系统、监控系统、锚泊系统等部件，利用发电平台充分“吸收”波浪，通过三级能量转换将波浪能变成绿色电能，从而实现对远海岛礁的稳定供电。在满负荷的条件下，兆瓦级波浪能发电装置每天可产生 2.4 万 kWh，大约能够为

3500 户家庭提供绿色电力，相当于为远海岛礁增加了一个大型“移动充电宝”。兆瓦级漂浮式波浪能发电装置如图 3 - 37 所示。

图 3 - 37　兆瓦级漂浮式波浪能发电装置

（9）海底电缆“深水定点精准抛石”技术。2022 年 9 月，南方电网公司在国内率先完成海底电缆“深水定点精准抛石”基础前沿施工工艺测试性研究，并成功应用于 500kV 福徐乙线海缆悬空段修复，成为国内首家掌握海底电缆“深水定点精准抛石”基础前沿施工工艺的海底管线运维单位。

面对琼州海峡复杂的海洋环境和海缆悬空情况，针对传统海底管线后保护抛石技术路线单一、精度低及石方量损耗大等问题，公司牵头组织国内科研院所和相关企业进行研究，创新性地提出在不碰触海底电缆本体的前提下，于深水区通过缓释装置将数吨重石料精准定点投放。该项施工工艺采用三维监测设备实时引导缓释装置精准投放，最大作业水深可达 40m，最大单次抛石吨位达 3t，通过人、船、机三者紧密配合，精准控制落石中心点及范围，误差精度不超过 1m，实现人为可控情况下在海底修造任意形状石坝。据介绍，采用该项施工工艺仅需调用小型施工船，无需动用大型海洋工程船舶，大大缩短了船舶动遣带来的时间损耗，在施工时间控制上更高效，在船舶使用方式上更灵活，非常适合于海底管线“点”状等小长度区段后保护作业。海底电缆“深水定点精准抛石”施工作业现场如图 3-38 所示。

图 3-38　海底电缆“深水定点精准抛石”施工作业现场

（10）±800kV 直流高速开关。2023 年 2 月，由南方电网超高压公司联合平高集团共同研制的国内首台±800kV 直流高速开关（HSS）成功通过长时直流燃弧耐受试验，至此该产品已顺利通过全部试验考核，标志着又一特高压直流重大装备实现了国产化。±800kV 直流高速开关试验现场如图 3-39 所示。

±800kV 直流高速开关作为多端直流输电系统中的特有关键设备，对提高整个直流系统的可靠性和利用率起着至关重要的作用，目前完全依赖进口，是多端直流工程发展的“卡脖子”设备之一。南方电网全面主导产品设计和问题分析，解决材料选型、特殊性能验证等难题 24 项，突破小直流开断、燃弧耐受等方面关键技术瓶颈，大幅提升了国产±800kV 直流高速开关的各项性能指标，其端间直流耐压时长、开断小直流电流能力、长时燃弧耐受能力均领先进口产品，同时自主优化设计后的“单碟簧液压操动机构”相比进口产品的“双弹簧操动机构”更加简单可靠并降低了运维难度。

（11）±1200kV 车载式自动化直流耐压试验系统。2023 年 6 月，在±800kV 昆柳龙直流工程龙门换流站，南方电网公司研制的世界首套

±1200kV车载式自动化直流耐压试验系统成功投入使用。±1200kV车载式自动化直流耐压试验系统如图3-40所示。

图3-39　±800kV直流高速开关试验现场

图3-40　±1200kV车载式自动化直流耐压试验系统

该系统填补了我国在高电压大容量车载式直流试验设备领域的技术空白，不仅可满足我国800kV及以下电压等级直流设备的直流耐压试验需求，还可以应用在高海拔换流站直流设备的交接试验中，可满足在恶劣天气等情况下的主网架应急保障需求，对保证南方电网西电东送大通道畅通，保障南方五省区电力供应具有重要意义。该系统将传统的零散直流耐压试验装备整合升级，实现自动升降、自动放电，省去了传统直流高压发生器装载、卸载和吊装等耗时费力和存在安全风险的流程，通过无线遥控操作可迅速完成直流耐压试验的所有准备工作，单次试验准备时间由 7h 缩短至 10min，在工作效率、安全性等方面得到了颠覆性提升。

(12) 南方电网抽水蓄能人工智能数据分析平台 XS－1000D。2023 年 4 月，我国首个大规模抽水蓄能人工智能数据分析平台——南方电网抽水蓄能人工智能数据分析平台 XS－1000D 投入运行，标志着我国近四分之一在运装机容量的抽水蓄能设备由传统线下人工管理向线上智能管理转变。该平台共接入装机规模为 1028 万 kW 的 7 座抽水蓄能电站状态数据，通过 31 万个测点及近 1000 个智能分析算法，实时掌握机组设备健康状态，成功实现数据智能巡检、状态智能诊断等功能，有效提升检修工作效率、降低设备运维成本。平台投运后，可替代人工巡检工作量超 90%，直接经济效益近 1800 万元。南方电网抽水蓄能人工智能数据分析平台 XS－1000D 如图 3-41 所示。

图 3-41　南方电网抽水蓄能人工智能数据分析平台 XS－1000D

第 4 章

南方电网发展成效总结

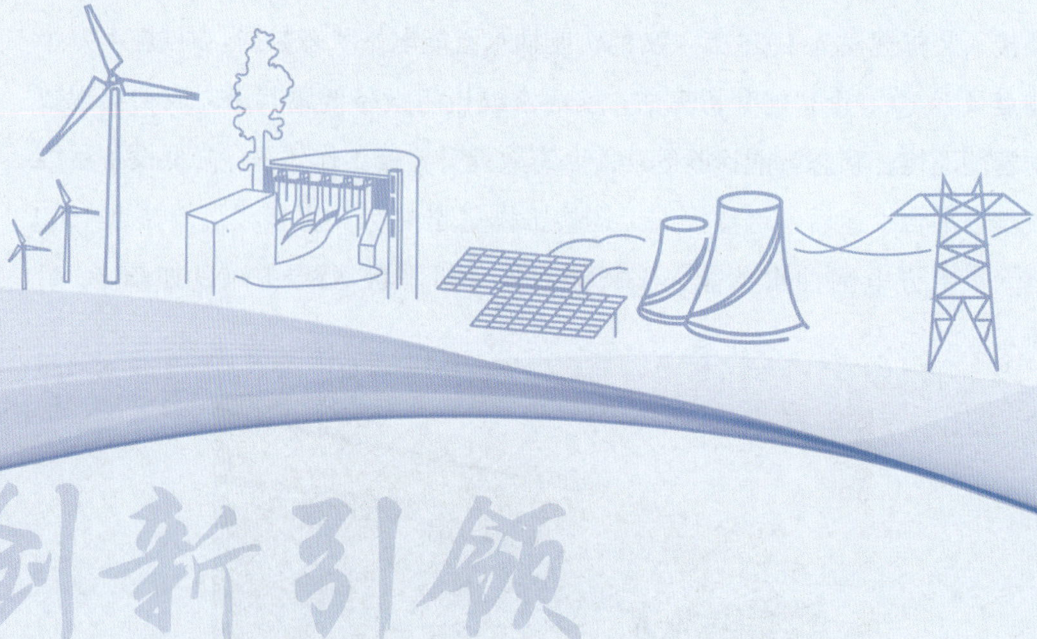

创新引领

智力共享

4.1 安全可靠发展

进一步夯实电网安全基础，三级以上电力事件次数逐年降低。2022 年，南方电网公司持续加强电网基准风险管控，全面落实南方区域电网安全风险联防联控 6 个方面 19 项任务，以及防范系统运行 8 大风险 35 项重点工作，有效管控开关、保护拒动、大容量直流闭锁、密集输电通道全停等重大风险。制定实施《2022 年设备运行方案》，做好换流变等关键重点设备运行风险管控，实现输变电主设备强迫停运率及非计划停运次数双下降。推进发电机故障风险防控，组织开展电厂老旧设备提升专项工作，消除老旧设备运行风险。持续深化三年方式成果应用，推动网架完善，消除不满足稳定导则问题 17 项，优化新东直流和兴安直流控制保护参数，有力提升电网安全稳定运行水平。2018 年以来，三级以上电力事件次数逐年降低，从 2018 年的 33 次降至 2022 年的 24 次，2018—2022 年南方电网三级以上电力事件次数如图 4-1 所示。

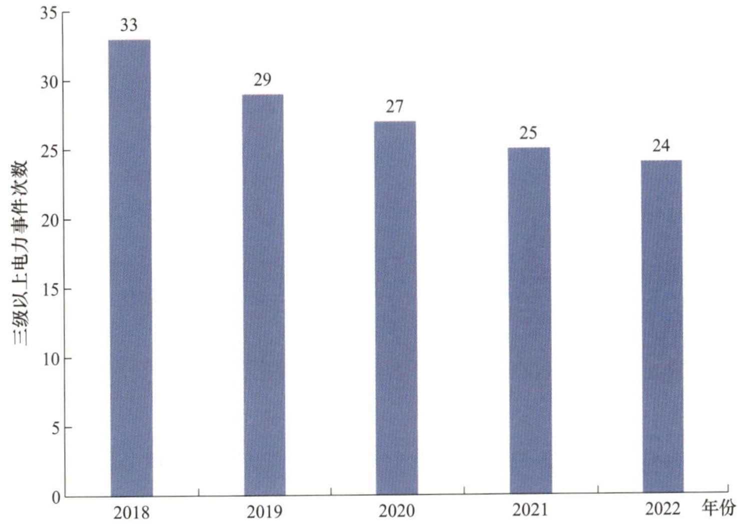

图 4-1 2018—2022 年南方电网三级以上电力事件次数

供电可靠性持续提高。2022年，南方五省（区）城市供电可靠率达到99.972%，同比提升0.004个百分点；中心城区停电时间为0.38h/户，同比降低0.02h/户；客户平均停电时间降为6.79h/户，同比降低0.51h/户。其中，广州、深圳、佛山、中山、珠海、东莞等核心城市客户年均停电时间保持在1h以内，三亚客户年均停电时间首次进入1h以内。深圳后海金融商务总部高品质供电引领区、珠海横琴粤澳深度合作区客户停电时间小于0.5min，达到国际顶尖水平。全力推进城乡配电网智能化升级，广州中新知识城、大学城等高可靠性示范区实现三年“零停电”。南方电网农村电网供电质量指标均有大幅改善，提前达到新一轮农网改造升级工作目标。至2022年底，农村供电可靠率达到99.88%，同比提升0.01个百分点，2016—2022年南方电网城市地区供电可靠率、中心城区停电时间、客户平均停电时间、农村供电可靠率分别如图4-2～图4-5所示。

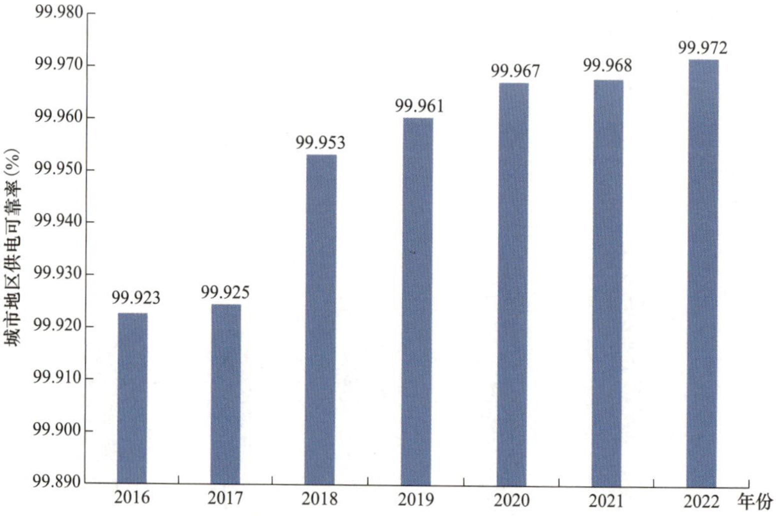

图4-2　2016—2022年南方电网城市地区供电可靠率

受电端电压合格率稳步提升。2022年，南方电网不断提升供电水平。至2022年底，南方电网受电端电压合格率均有大幅改善，其中城市居民受电端电压合格率达到99.93%，同比提升0.05个百分点；农村居民受电端

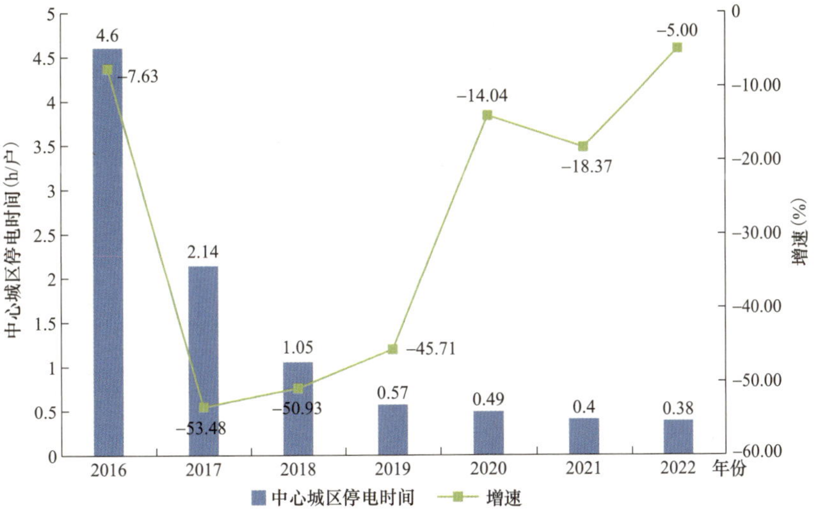

图 4-3　2016—2022 年南方电网中心城区停电时间

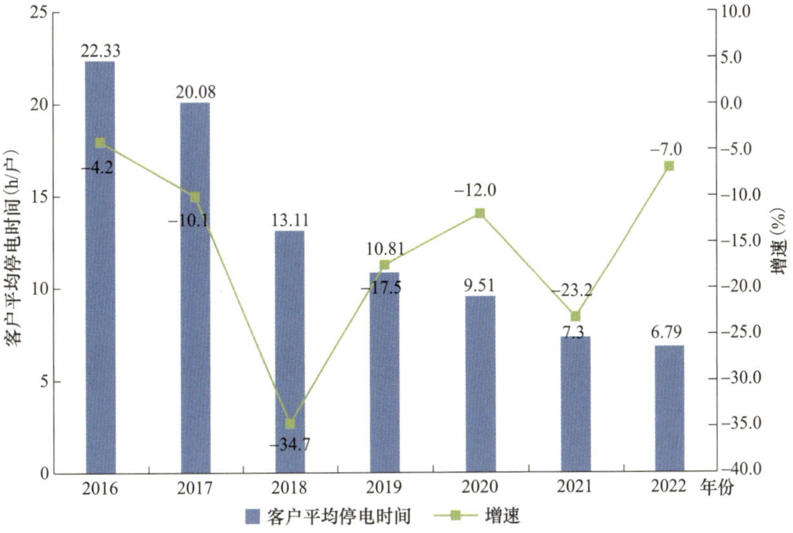

图 4-4　2016—2022 年南方电网客户平均停电时间

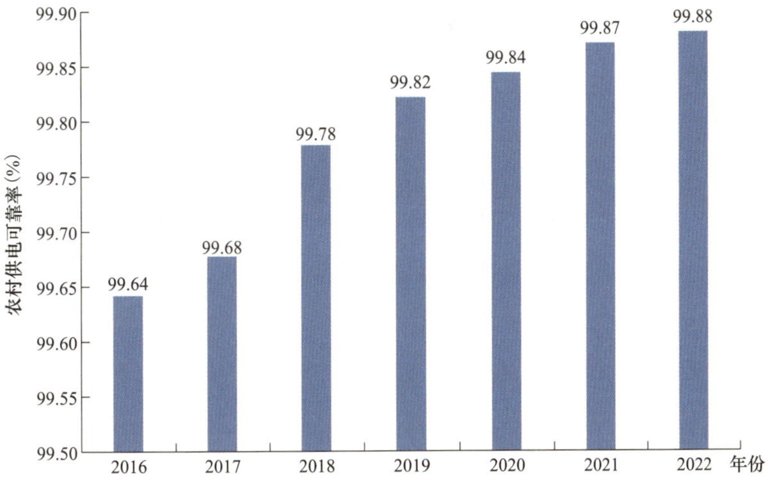

图 4-5　2016—2022 年南方电网农村供电可靠率

电压合格率达到99.74%，同比提升0.35个百分点，2015—2022年南方电网城市、农村居民受电端电压合格率分别如图4-6、图4-7所示。

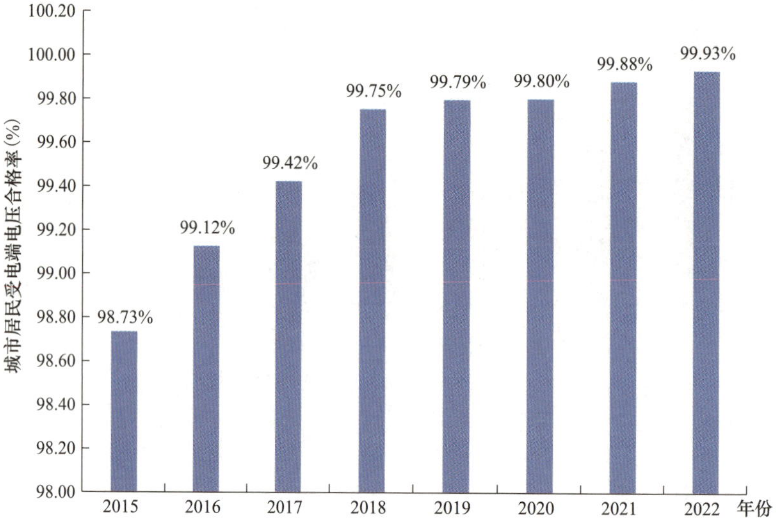

图4-6　2015—2022年南方电网城市居民受电端电压合格率

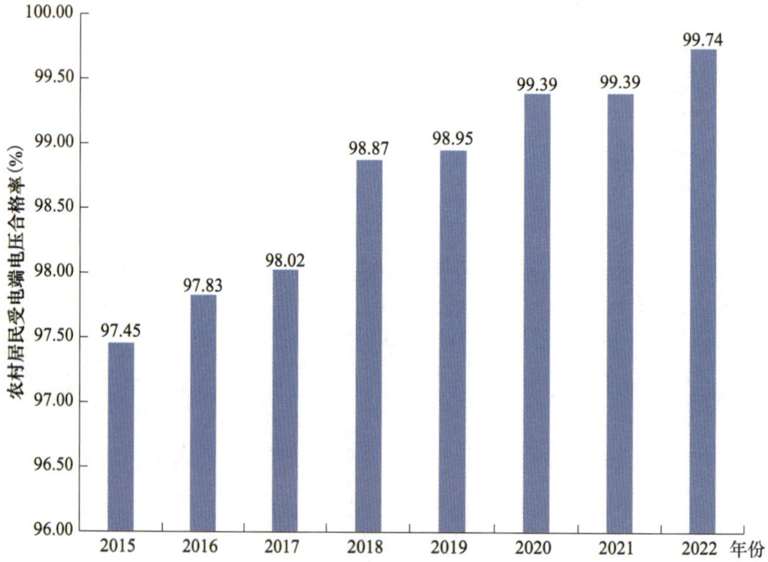

图4-7　2015—2022年南方电网农村居民受电端电压合格率

二次系统风险管控能力不断增强。2022年，南方电网调度系统基本建立“1+N”现场作业风险管控体系，持续开展“四不两直”检查，有效管控现场二次作业风险。各单位扎实推进二次系统专项整治工作，全面完成超期服役保护、安全自动化装置、自动化设备改造。各发电企业积极配合，完成保护装置、直流电源等二次设备防拒动隐患整改，有力提升涉网二次系统风险管控水平。

极端电力安全风险防控持续深入。完成坚强局部电网运行方案和五省（区）能源保障方案的滚动修编，组织开展坚强局部电网安全评估，持续提升极端情况下电力系统韧性。调度系统深化权限管理工作，完成核心场所、核心系统改造。积极推动南方电网公司备用应急指挥中心动工建设。

网络安全防护能力不断提升。南方电网公司全面抓好设备在线监测系统网络安全管理，大力开展网络安全监督检查。完成网络安全顶层设计，依托“一场四平台”构建南网特色的网络安全综合防护体系，编制并印发了南方电网公司《“十四五”网络安全专项规划》；完善网络安全“作战平台”，构建“三全三可”安全监测体系。应用信息安全运行监测预警系统和电力监控态势感知系统对公司“两区五网”网络、电力监控系统、管理信息系统进行“全手段监控、全流量采集、全行为建模”的安全监测，实现攻击行为的“可回溯、可阻断、可追查”，提升了安全监测、安全数据分析、应急指挥能力。2022 年，全网组织 2025 人做好护网工作，成功防范生产场所社工攻击事件 35 起。全年成功抵御 266 万次网络攻击，连续 4 年“零失分”完成“护网行动”，连续 6 年实现三级及以上网络安全零事件。

4.2 绿色低碳发展

非化石能源发电装机持续增长，非化石能源装机占比高于全国平均水平。南方五省（区）大力开发水电，加快风光等新能源发展，稳步推进核电建设，发电装机结构不断优化，清洁化水平不断提升。2022 年，南方五省（区）非化石能源发电装机规模达到 25 347 万 kW，占总装机容量的 57.9%，比全国平均水平高 8.3 个百分点，其中水电、核电、风光发电占比将分别达32.7%、4.5%、18.7%。2022年南方电网与全国电源装机对比如图4-8所示，分类型发电装机占比如图4-9所示。

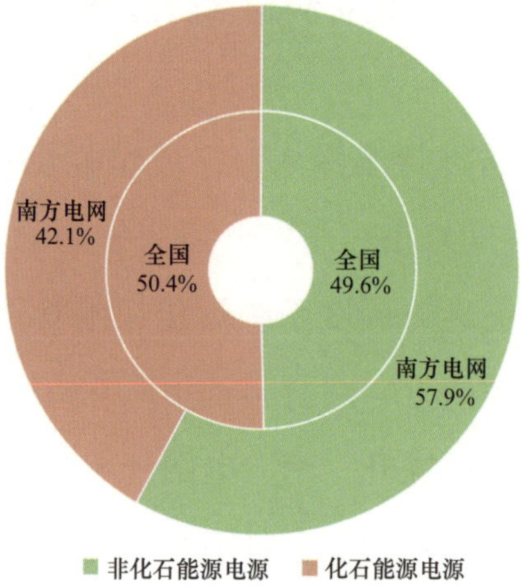

图4-8　2022年南方电网与全国电源装机对比

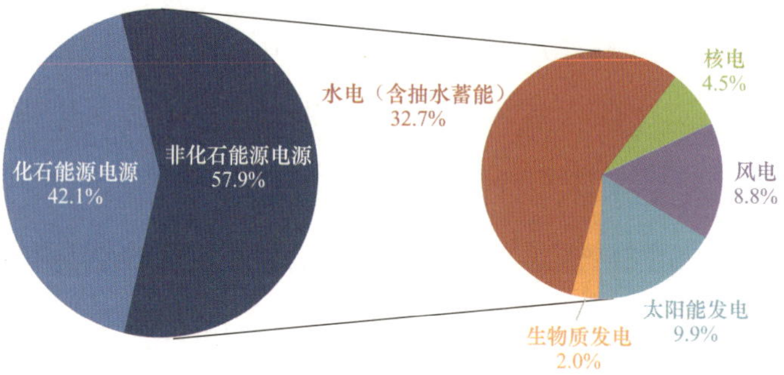

图4-9　2022年分类型发电装机占比

非化石能源发电量高速增长，占总发电量比重超过50%。2022年，南方电网非化石能源发电量占比52%，比全国平均水平高15.8个百分点。随着水电、核电、风光等非化石能源发电量的增加，南方五省（区）非化石能源电量2023年占比预计将继续提高，电源清洁化水平保持国内领先水平。2022年南方电网与全国发电量对比如图4-10所示，发电量结构如图4-11所示。

完善新能源规划和服务机制，大力支持新能源发展。完成南方电网"十四五"约1.7亿kW新能源接入系统规划和105个重点县区大规模分布式光

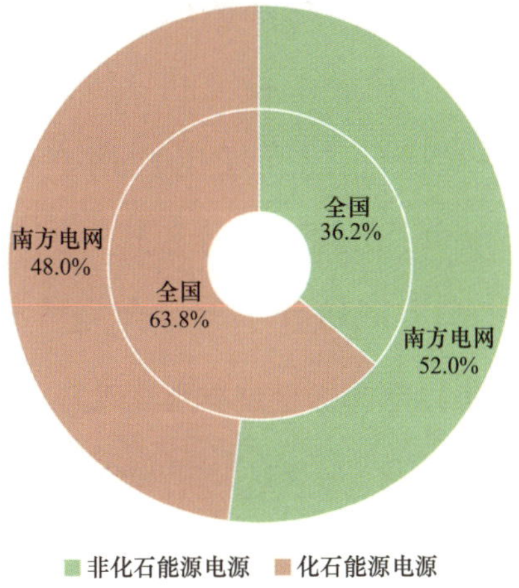

图 4-10　2022 年南方电网与全国发电量对比

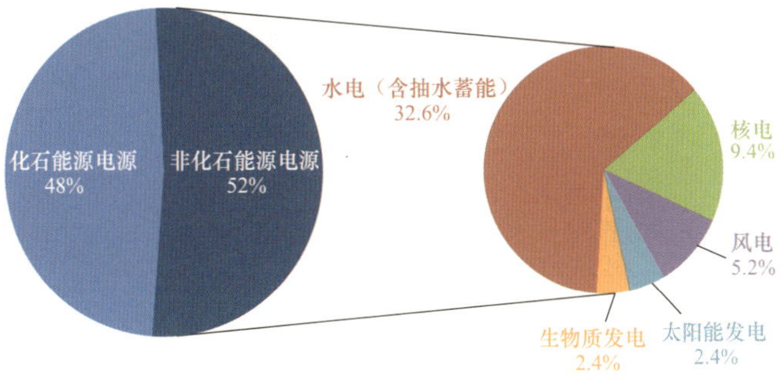

图 4-11　2022 年南方电网发电量结构

伏接入专项规划。各省均成立省级新能源服务中心，成功上线新能源管理信息系统，新能源并网业务实现“一网通办”和 100%线上办理。2022 年 3 月，建成新能源调度运行管理平台，实现了区域级新能源“可观”从无到有的重大突破。系统在广东上线试运行，并于次月在广东、广西、云南、贵州、海南五省（区）正式推广使用。目前线上办理新能源并网项目总容量超过 1.7 亿 kW。

全网新能源基本实现全额消纳，继续保持全国领先水平。南方电网连续多年开展了新能源消纳专项行动，全力加快新能源送出通道投资建设力度，投产粤西网架完善及电力外送新通道、广东汕尾甲子海上风电送出、贵州 500kV 八河变电站扩建等工程，保障大规模海上风电和陆上风电、光伏等新能源及时接入和足额消纳。积极构建清洁能源调度体系，持续完善跨省区电力交易机制，努力拓展电力消纳市场空间，最大限度消纳清洁能源。2022年全网水能利用率超过99.8%，风光发电利用率达到99.82%。其中风电（含分散式）利用率99.88%，光伏（含分布式）利用率99.70%，基本实现全额消纳。2017—2022年南方区域弃水弃风弃光情况如表4-1所示。

表4-1　2017—2022年南方区域弃水弃风弃光情况[1]

	2017年	2018年	2019年	2020年	2021年	2022年
1. 弃电量（亿kWh）	353.1	177.2	18.2	26.3	9.17	10.8
（1）弃水电量	345	175	17	24	7.47	7.2
（2）弃风电量	7.8	1.9	0.9	1.8	1.2	2.58
（3）弃光电量	0.3	0.3	0.3	0.5	0.5	1.02
2. 弃电率（%）						
（1）弃水率	8.9	4.4	0.4	0.6	0.2	0.2
（2）弃风率	2.3	0.5	0.2	0.3	0.19	0.12
（3）弃光率	0.6	0.3	0.2	0.3	0.18	0.3

跨省区消纳非化石能源电力的能力不断提升。“十三五”期间，南方电网相继建成滇西北送广东、云贵互联、昆柳龙直流等六项工程，形成“八交十一直”的西电东送大通道。最大限度发挥主网架跨区域余缺互济作用，做到送电通道随时可用，建成并运行维护西电东送输电通道，送电能力达到5320万kW。2022年，南方电网充分发挥大平台作用，采取市场化机制和应急调度等方式落实云电增送、广西增送等举措，有效应对上半年入汛偏早、来水偏丰以及下半年来水丰枯急转、主要流域大幅偏枯的复杂局面，实现西部富余水电全额消纳，主网未发生弃水。2022年，西电东送全年送电量达2156亿kWh，西电东送清洁能源占比达80.7%，相当于减排二氧化碳12 581万t。2016—2022年西电东送电量的非化石能源占比如图4-12所示，2018—2022年西电东送电量相当于减排二氧化碳量如图4-13所示。

[1] 数据来源：南方电网新能源运行年度总结分析报告、南方电网水电调度运行总结报告。

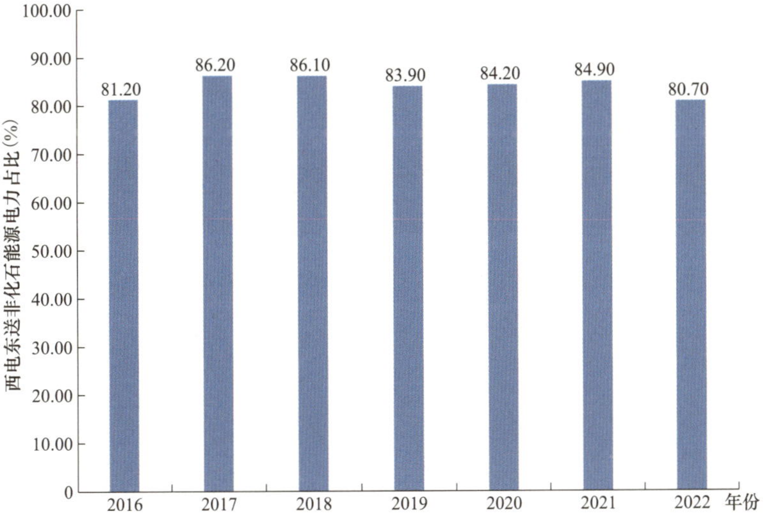

图 4-12　2016—2022 年西电东送电量的非化石能源占比

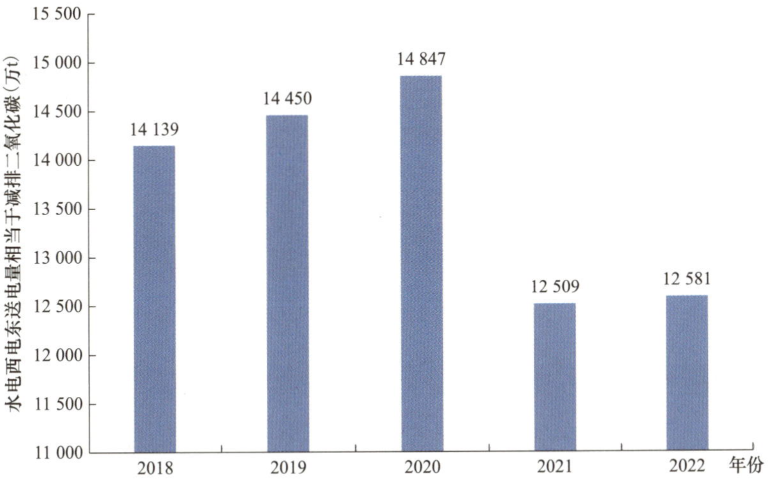

图 4-13　2018—2022 年西电东送电量相当于减排二氧化碳量

倡导能源绿色消费方式，电能替代电量增长迅速。南方电网公司因地制宜开展节能新技术和典型项目宣传，积极推广交通、工业、建筑等重点领域电能替代，积极实施乡村电能替代，推广“电酿酒”“电制茶”“电烘干”等特色电能替代服务，推动传统产业转型升级。做好充换电网络规划布局，截至 2022 年底，已建成充电桩 8.6 个，在南方区域市场占有率 26.4%继续巩固排名第一地位，并实现县级及以上城市全覆盖、乡镇覆盖率达到 91%，充电量同比增加近九成。“顺易充”平台注册用户397万人，平台充电量8.6亿kWh，指标同比倍增；在海南成功打造充换电“一张网”，实现全岛充换电基础设施互联互通及“一个App畅行全省”目标，实现全岛充电基础设施互联互通；2022年，南方电网全年累计实施完成电能替代项目1.96万个，实现电能替代电量440亿kWh，较2016年增加395亿kWh，年均增长率达到62.53%，2016—2022年南方电网电能替代量如图4-14所示。

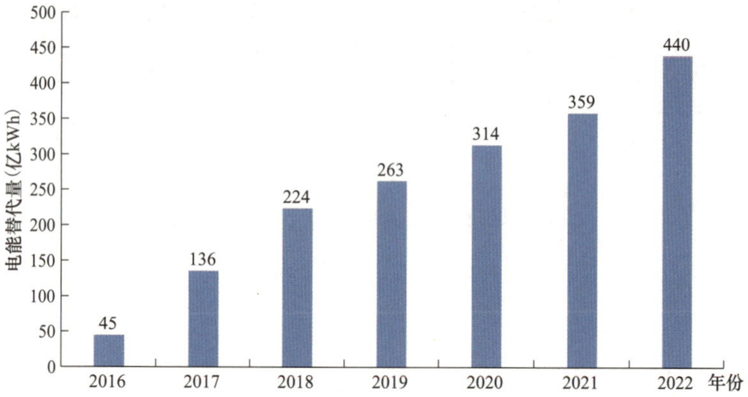

图4-14　2016—2022年南方电网电能替代量

积极引导客户节能，全力推进电力需求侧管理。南方电网公司主动发挥绿色低碳消费引领作用，加快推动“新电气化”进程，持续开展节能服务，加强电力需求侧管理等，推动能源利用效率提升，助力产业向绿色低碳发展转型。积极拓展园区、工业、建筑等节能服务业务，大力发展生物质发电、天然气分布式能源、余热利用等能源综合利用业务，大力推广“看能”能效管理系统，新增建筑节能服务面积121万m^2，新增节能托管电量8400万kWh；配合南方五省（区）政府出台电力需求响应实施方案，以市场化机制引导用户侧主动“削峰填谷”，各省电网公司全部建成需求响应平台，需求响应能力达到最高负荷的3%以上；广东首创响应激励资金来源市场化机制，需求响应能力达到600万kW。广东、广西、云南、贵州适时启动需求响应，最大电力分别为277万、96万、136万、128万kW。2022年，南方电网全年实现需求侧节约电量39.6亿kWh，完成目标任务的114.12%；需求侧节约电力96.06万kW，完成目标任务的148.24%。2016—2022年南方电网需求侧节约电量、电力分别如图 4 - 15、图 4 - 16 所示。

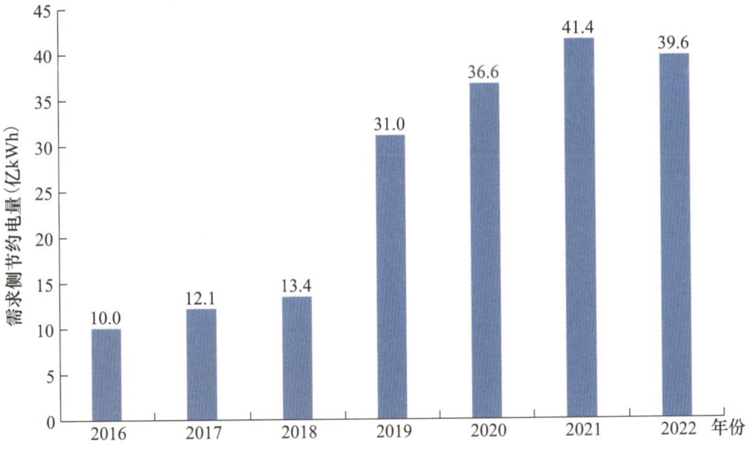

图 4 - 15　2016—2022 年南方电网需求侧节约电量

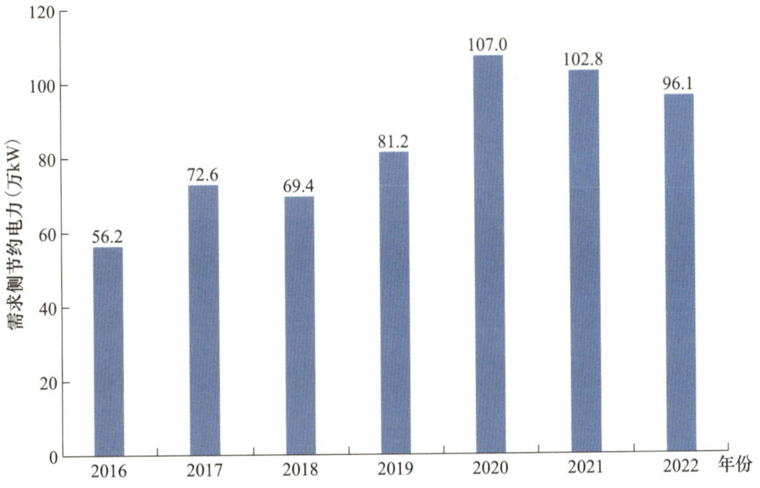

图 4 - 16　2016—2022 年南方电网需求侧节约电力

加强线损专业管理。2022 年，南方电网公司首次系统开展全公司碳盘查和节能技术监督，编制《新型电力系统线损指标计算技术标准》，总结推广公司降损减碳典型案例和技术成果，扎实推进公司管理线损降损三年行动，建成南方电网经济运行管理技术支持系统。积极推进线损异常的智能化排查定位，全网线损率为 5.08%，减少损耗电量超 14.6 亿 kWh，同比下降 0.11 个百分点，10kV 及以下线损率 2.90%，同比下降 0.01 个百分点。

2015—2022 年南方电网需求侧节约电力情况南方电网线损率情况如图 4 - 17 所示。

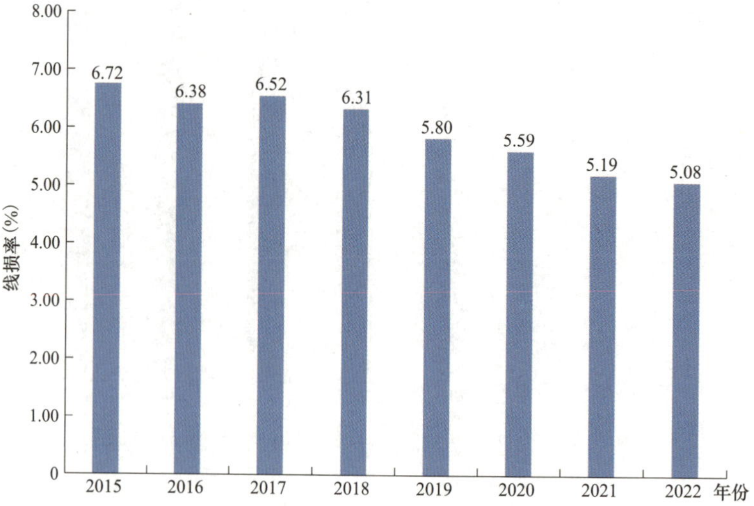

图 4 - 17　2015—2022 年南方电网线损率

推进绿色低碳电网建设和管控。2022 年，南方电网公司印发《2022—2023 年度基建领域推动公司绿色低碳发展转型实施计划》开展绿色低碳电网建设标准和评价工作指引的应用，实现输、配网工程设计阶段绿色低碳分等级预评价。加强环境保护数字化建设，实现工程项目全生命周期生态环境影响和风险防控信息化管理。深入开展环保技术监督工作，全面排查环保设施运行，涉碳排放、应急处置等重点领域环保风险。电网建设生态恢复治理率达到 100%，新建项目环评批复率 100%，基建工程设计达到绿色一级以上 100%。按照“即回收、即处置”的原则，及时规范回收危险废物，其中废油 1866t，废铅酸蓄电池 1470t，废六氟化硫气体 90t，实现六氟化硫气体回收后 100%循环再利用。大力推广应用绿色低碳技术装备，按照国家变压器能效提升有关要求，严格控制设备能耗准入标准，全面应用新标准采购变压器。积极推进植物油替代矿物油在变压器中的应用，主持编制国家标准《天然酯绝缘油运行和使用导则》。

提升绿色金融支撑能力，构建适应低碳发展的市场机制。绿色金融方面，建立健全公司绿色项目库、绿色金融工具库、绿色企业名录、绿色金融定价优惠政策，积极利用央行碳减排支持工具等国家政策，依托南网财务公司开展统一融资，累计融入 140 亿元低息绿色贷款、成功发行全国首单智能化变电站类绿色中期票据 20 亿元、首笔能源保供公司债券 20 亿元。积极发展绿色金融支持实体经济，创新推出业内首款电化学储能保险，组建绿色银团贷款，提供绿色金融评估服务，引入碳减排支持工具。绿色低碳市场方面，印发《南方区域绿色电力交易规则》，完成南方区域绿色电力交易系统上线试运行，打通与国家绿证管理平台数据交互渠道，首次建立了满足绿电交易需求的全国统一绿证核发机制。推动贵州加入区域调频市场结算试运行，实现了调频市场在南方区域“全覆盖”。2022 年 9 月，广州电力交易中心正式启动南方区域绿证交易，全年累计交易规模 18.56 万个绿证，折合 1.856 亿 kWh。2022 年，南方区域绿电交易 38.3 亿 kWh，同比增长 280%。

4.3 智能高效发展

输电线路智能化水平持续提升。智能巡检方面，南方电网致力于打造“天空地”立体化巡视体系，借助卫星、无人机、直升机、在线监测、机器人等多种智能设备开展巡检。至 2023 年 6 月，全网 110kV 及以上架空输电线路机巡覆盖率达 95%，统一机巡系统已完成逾 30 万 km 输电线路精细化巡检航线规划，无人机自主巡检里程已达 100 万 km，识别缺陷 86.9 万余项。智能感知方面，基于监测功能集成化和通信接口标准化设计理念，部署超 4 万套在线监测装置，建成防灾减灾监测预警系统，融合气象卫星、植被类型、电网专业防灾信息，实现输电线路综合数据采集汇聚、边缘处理、AI 分析、联动报警、统一上传，支撑防灾减灾评估预警。智能识别方面，持续优化迭代智能识别算法，建立千万级样可见光、红外本库，覆盖 96 种缺陷类型，联合智瞰地图辅助高效复核，实现缺陷隐患智能识别和可视化展示。截至 2023 年 6 月，已累计识别 9172 万张图片，发现缺陷隐患 338 万个，缺陷召回率达到 85%以上。智能巡视技术路线如图 4-18 所示。

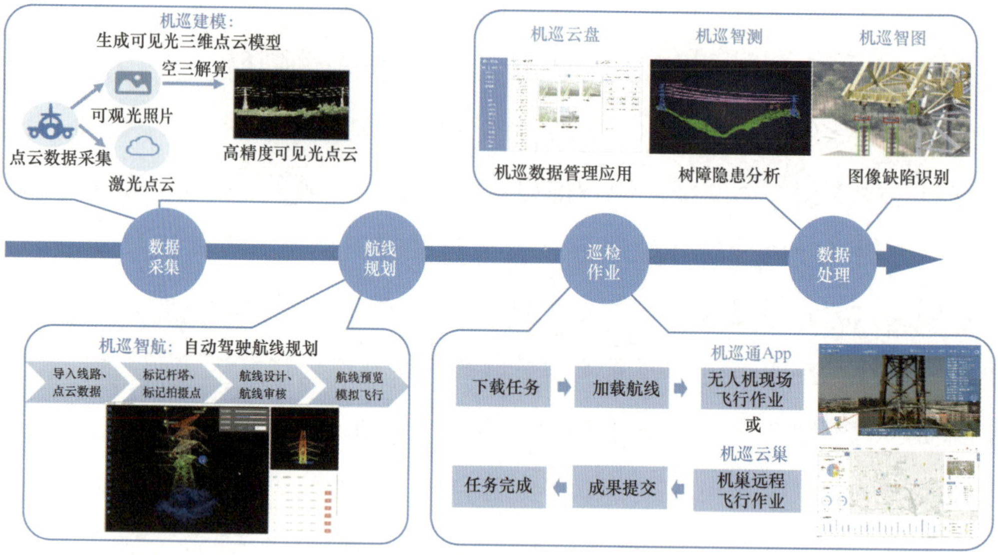

图 4-18　智能巡视技术路线

变电设备状态感知和远程操作能力不断增强。南方电网公司基于设备状态智能生成巡视计划，智能调度摄像头、无人机、机器人等监测终端，并应用人工智能技术，实现变电站智能联合巡检和缺陷自动识别。建立“调监控一体”管理模式，打通生产运行支持系统与调度网络发令系统，实现调度顺控操作的非同源双确认，倒闸操作耗时从 55min 降至 10min 左右。截至 2023 年 6 月，具备智能巡视功能的变电站达 2098 座，巡视工作人工替代率超过 70%，具备远方操作功能的变电站达 51%，实现调度端操作效率提高 5 倍，大幅提高人身与设备安全保障能力。智能变电技术路线如图 4-19 所示。

配电自动化规模不断扩大，覆盖率明显提升。南方电网完成《“十四五”配电自动化有效覆盖提升专项规划》，采用以自愈为目标，四类差异化的自动化技术路线，推进配电自动化建设和故障自愈功能应用，全面开展配网不停电作业，实现县级供电公司配网不停电作业全覆盖。截至 2023 年 6 月，配电自动化有效覆盖率达 86.37%，配电自愈覆盖率达 72.18%，馈线自愈覆盖地区平均故障复电时间从 1.38h 下降至 3min 以内，广州、深圳、佛山、珠海、江门、玉溪 6 个地区已实现馈线自愈覆盖率 100%。

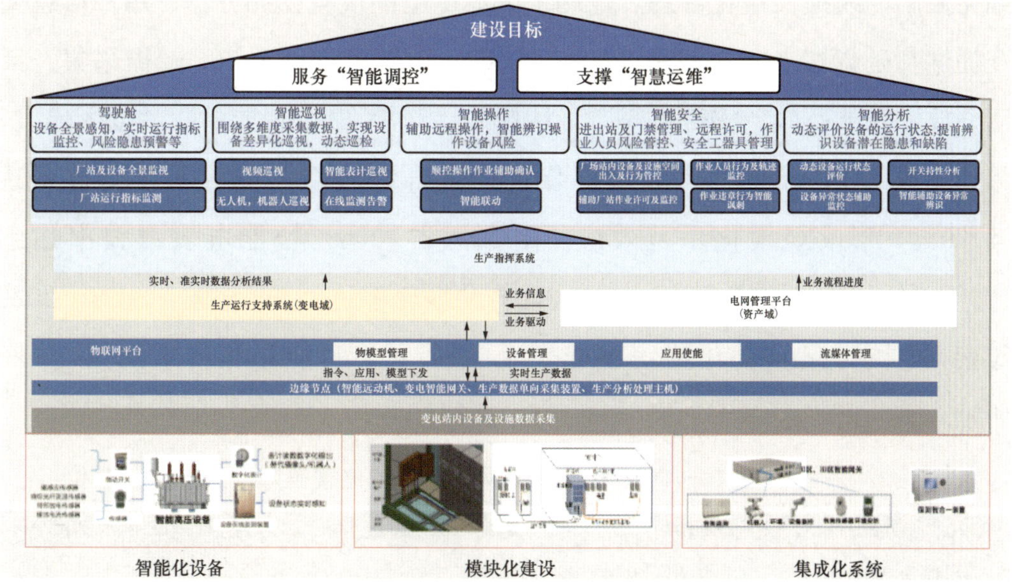

图 4-19　智能变电技术路线

低压配电网运行感知能力提升。①以智能配电标准设计 V3.0 为抓手，推进配网设备向模块化、小型化、智能化转型，实现设备层“接口统一、即插即用”。截至 2023 年 6 月，南方电网公司建成智能配电站（房）71 982 座，接入生产运行支持系统 24 419 座，实现配电站（房）运行状态、设备状态、环境安防、视频监控等数据标准化“统一采集、统一管理、统一共享”，支撑实时性/准实时设备运行综合分析、智能决策，促进设备运行可视化、巡视无人化、决策智慧化。②基于公司统一设备中心（南网智瞰），制订低压配网统一建模与移交规范，实现低压台区坐标、图形拓扑、台账数据的高效采集与校核，构建低压拓扑一张网。截至 2023 年 6 月，广东电网、深圳供电局已完成低压拓扑可视化 100%全覆盖，实现低压拓扑、线路、杆塔位置、台账等信息准确关联，支撑台区全景监测、精准调荷和智能化运维等应用建设。

推进以智能电表为基础的高级量测体系建设。“十三五”以来，南方电网结合电表轮换周期，有序推进智能电表等量测体系建设，以满足基本用电计量、自动化抄表和电子化结算，实现计量装置状态远程监测，并为负荷精细化控制、线损精益化管理、电网末端低压电能质量监测分析、用户信息交互提供基础数据来源。截至2022年，初步建成“全息感知、随需采集、灵活开放、智能高效、安全可靠”量测体系，开展22个智能量测示范区建设，累计完成17.1万电力市场计量装置现货升级改造，数据采集完整率达95.79%，形成规模化示范效应。南方五省（区）智能电表覆盖率达到100%，低压集抄覆盖率达到100%，自动抄表率达到99.66%，2016—2022年南方电网计量自动化覆盖率如表4-2所示，智能量测体系如图4-20所示。

表4-2　2016—2022年南方电网计量自动化覆盖率　单位：%

项目	2016年	2017年	2018年	2019年	2020年	2021年	2022年
智能电表覆盖率	80.6	93.8	100	100	100	100	100
低压集抄覆盖率	39	73	100	100	100	100	100
自动抄表率	—	—	97.7	99.3	99.46	99.6	99.66

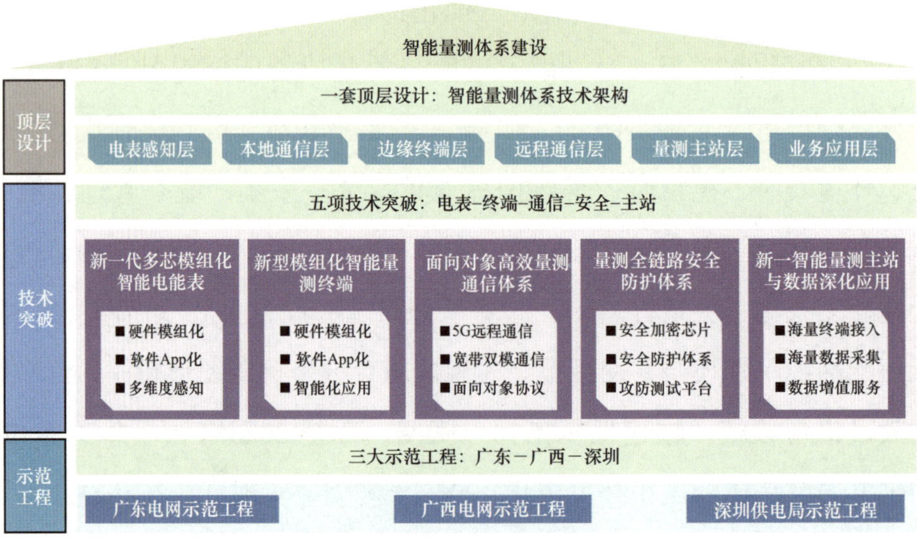

图4-20　智能量测体系

持续推进互联网客户服务平台整合，互联网业务占比不断提高。“十三五”以来，南方电网运用云计算微服务技术，深入推进大数据和人工智能技术与业务的深度融合，加快整合95598、支付宝生活号、微信服务号、掌上营业厅、网上营业厅、实体营业厅及其他社会化渠道等客户服务平台，推动建立全客户、全渠道、全业务、全数据的“四全”客户服务平台，实现传统营销服务向互联网化、数字化、智能化转型，实现客户在任一时间、任一地点、任一互联网渠道、办理任一业务均得到一致的体验。建成“网掌微支政”（网站、手机 App、微信、支付宝、政务平台）五位一体的“南网在线”智慧营业厅，实现所有用电业务均可线上办理。截至 2022 年底，互联网统一服务平台累计用户 8604 万，互联网用电业务办理比例达到 98.8%，南方电网互联网客户统一服务平台应用情况如表 4-3 所示。

表 4-3　　南方电网互联网客户统一服务平台应用情况

项目	2017 年	2018 年	2019 年	2020 年	2021 年	2022 年
互联网统一服务平台注册用户（万人）	1300	3239.6	4382	5547	7201	8604
互联网业务比例（%）	—	70	93	99.3	99	98.8

推动虚拟电厂参与辅助服务，通过互联网技术“削峰填谷”。牵头编制了南方区域可调节负荷并网运行及辅助服务管理实施细则，为虚拟电厂参与辅助服务提供政策依据。2022 年，广东电网研制了省地一体虚拟电厂智能调控和商业运营平台，聚合分布式光伏、充电桩、储能、柔性负荷等分布式资源，聚合分布式光伏 81MW、充电桩 890MW（可控 7MW）、分布式储能 25MW、柔性负荷 591MW，实现类常规电厂的实时控制、AGC、AVC、一次调频和市场化运营，成果获评国际领先。2022 年，深圳虚拟电厂管理平台接入资源容量 1059MW，最大可调节能力 166.8MW。其中建筑接入容量 124.4MW，最大可调节能力 28MW；充电桩接入容量 459MW，最大可调节能力 42MW；储能接入容量 13MW，最大可调节能力 12MW；光伏接入容量 215MW，暂不具备调节能力；其他类型接入容量 247.6MW，最大可调节能力 84.8MW。2022 年 4 月 28 日，首次完成虚拟电厂精准削峰实战，日前下发 10MW 向下调节需求，7 家负荷聚合商在指定区域内最大削减负荷 5.344MW。

第 5 章

粤港澳大湾区新型电力系统建设

创新引领 智力共享

5.1　电力需求

粤港澳大湾区全社会用电量小幅回落。2022 年，粤港澳大湾区全社会用电量 6099 亿 kWh，同比下降 1.6%，增速同比回落 13.4 个百分点[1]。其中，珠三角九市用电量 5559 亿 kWh，同比下降 1.58%；香港、澳门受疫情影响较大，用电量分别同比下降 2.3%、3.8%。2015—2022 年，粤港澳大湾区用电量仍保持增长态势，年均增长 4.6%。2015—2022 年粤港澳大湾区全社会用电量情况见图 5-1 所示。

图 5-1　2015—2022 年粤港澳大湾区全社会用电量情况

珠三角全社会用电量占粤港澳大湾区比重进一步扩大。2022 年，珠三角、香港、澳门用电量分别占粤港澳大湾区用电量的 91.2%、7.9%、0.9%。与 2015 年相比，2022 年珠三角九市用电量占比提升了 3.2 个百分点，香港用电量占比下降了 3 个百分点，澳门用电量占比基本持平。2015—2022 年粤港澳大湾区全社会用电量各区域构成如图 5-2 所示，2015—2022 年粤港澳大湾区各区域全社会用电量情况如表 5-1 所示。

---

[1] 数据来源：珠三角九市统计局；香港政府统计处；澳门统计暨普查局。

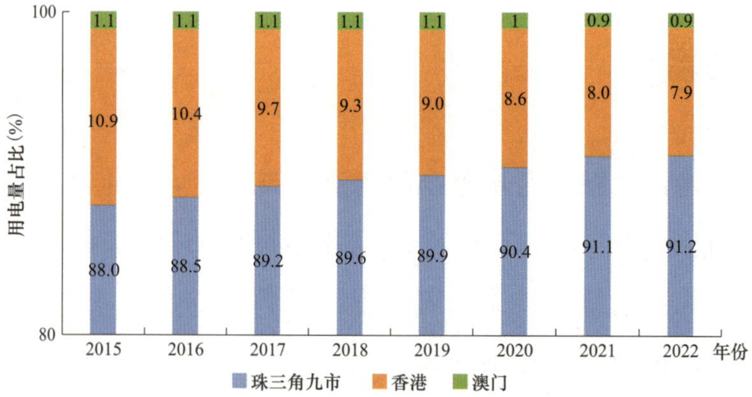

图 5-2　2015—2022年粤港澳大湾区全社会用电量各区域构成

表 5-1　　2015—2022年粤港澳大湾区各区域全社会用电量

单位：亿 kWh，%

项目	区域	2015年	2020年	2021年	2022年	2015—2022年均增速
全社会用电量	珠三角九市	3920	5013	5649	5559	—
	香港	485	478	496	484	—
	澳门	50	54	57	55	—
	粤港澳大湾区	4455	5545	6201	6099	—
用电量增速	珠三角九市	5	5	12.7	−1.6	5.1
	香港	1	−0.3	3.8	−2.3	0.0
	澳门	5.4	1.6	5	−3.8	1.3
	粤港澳大湾区	4.5	4.5	11.8	−1.6	4.6
用电量占比	珠三角九市	88	90.4	91.1	91.2	—
	香港	10.9	8.6	8	7.9	—
	澳门	1.1	1	0.9	0.9	—
	粤港澳大湾区	100	100	100	100	—

注　1. 由于数据采用四舍五入，分项累计可能与总数略有差别。

2. 2015年用电量增速为2010—2015年5年平均增速，2020年用电量增速为2015—2020年5年平均增速。

5.1.1　珠三角电力需求

广州、深圳、东莞和佛山全社会用电量位居珠三角前四位。2022年，珠三角九市全社会用电量为 5559 亿 kWh，广州、深圳、东莞和佛山全社会用电量占珠三角比重达 70.5%。其中，广州全社会用电量 1119 亿 kWh，占珠三角比重 20.1%；深圳全社会用电量 1074 亿 kWh，占珠三角比重 19.3%；东莞全社会用电量 967 亿 kWh，占珠三角比重 17.4%；佛山全社会用电量 759 亿 kWh，占珠三角比重 13.7%。

中山、东莞、深圳和佛山用电量增速降幅最大。2022 年，珠三角九市全社会用电量同比下降 1.6%。其中，中山、东莞、深圳和佛山 4 市用电量降幅较大，同比下降分别为 3.5%、3.4%、2.8%和 2.8%；珠海、惠州和肇庆 3 市用电量维持正增长，同比增长分别为 3.0%、2.4%和 0.7%。2022 年珠三角九市各城市全社会用电量及增速占比分别如图 5-3、图 5-4 所示。

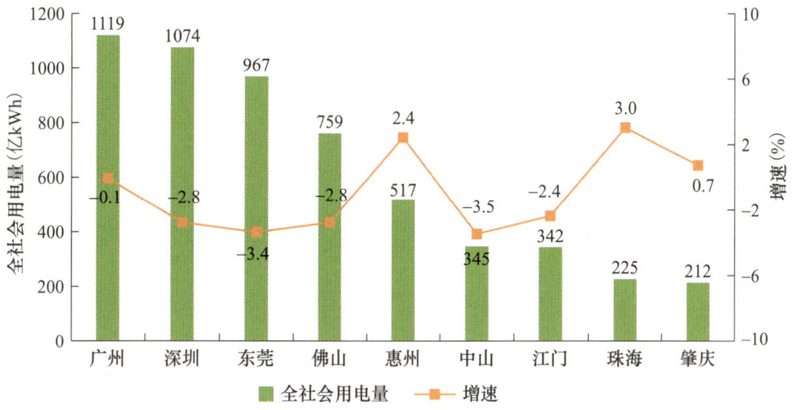

图 5-3　2022 年珠三角九市各城市全社会用电量及增速

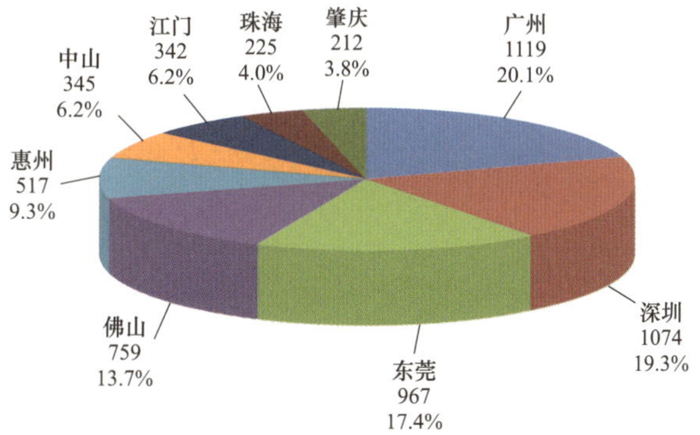

图 5-4　2022 年珠三角九市各城市全社会用电量及占比（单位：亿 kWh）

2022年珠三角第一、三产业及居民用电保持增长，第二产业用电量同比下降。2022年，珠三角地区三次产业以及城乡居民用电量分别为93亿、3136亿、1394亿、936亿kWh，同比分别增长2.6%、-3.9%、1.0%和2.4%，占全社会用电量比重分别为1.7%、56.4%、25.1%和16.8%。第一、二、三产业及居民用电增速同比回落超过10个百分点，其中第二、三产业用电量增速同比分别回落17.6和14.3个百分点。2022年珠三角九市用电量构成如图5-5所示。

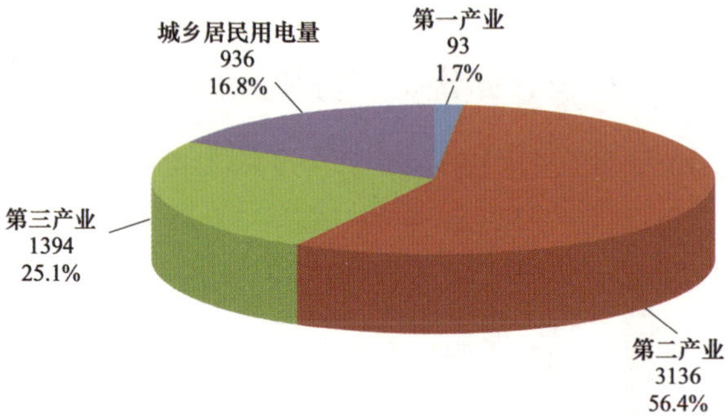

图5-5　2022年珠三角九市用电量构成（单位：亿kWh）

惠州、珠海、东莞和江门全社会用电量2015—2022年均增速位居珠三角前四位。珠三角全社会用电量从2015年的3920亿kWh增长到2022年的5559亿kWh，2015—2022年年均增长5.1%。其中，惠州、珠海、东莞和江门用电量增速较快，2015—2022年年均增长分别为8.6%、6.5%、5.4%和5.4%，均高于珠三角增速。

2015—2022年惠州用电量占珠三角比重提升最大，深圳用电量占比下降最大。2022年，惠州、东莞、珠海、广州和江门全社会用电量占珠三角的比重分别为9.3%、17.4%、4.0%、20.1%和6.2%，比2015年分别提升1.9、0.4、0.3、0.2和0.2个百分点；深圳、佛山、中山和肇庆全社会用电量占珠三角的比重分别为19.3%、13.7%、6.2%和3.8%，比2015年下降1.5、1.3、0.1和0.1个百分点。

2015—2022年珠三角九市全社会用电量增速和占比分别如图5-6和图5-7所示，2015—2022年珠三角九市全社会用电量情况如表5-2所示。

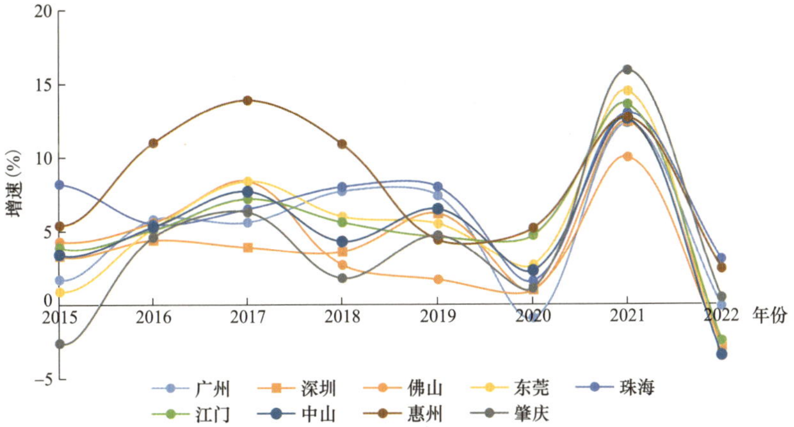

图 5 - 6　2015—2022 年珠三角九市全社会用电量增速

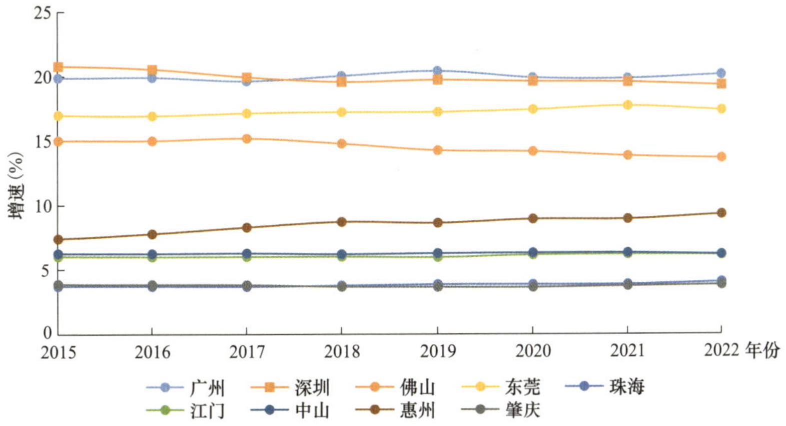

图 5 - 7　2015—2022 年珠三角九市全社会用电量占比

表 5 - 2　　2015—2022 年珠三角九市全社会用电量情况 单位：亿 kWh，%

类别	区域	2015 年	2020 年	2021 年	2022 年	2015—2022 年均增速
全社会用电量	广州	779	997	1120	1119	—
	深圳	815	983	1105	1074	—
	佛山	588	710	781	759	—
	东莞	667	874	1001	967	—
	珠海	145	193	218	225	—
	江门	237	309	351	342	—
	中山	246	317	357	345	—
	惠州	291	448	505	517	—

续表

类别	区域	2015年	2020年	2021年	2022年	2015—2022年均增速
全社会用电量	肇庆	152	182	211	212	—
	珠三角九市	3920	5013	5649	5559	—
用电量增速	广州	4.5	5.1	12.3	−0.1	5.3
	深圳	4.4	3.8	12.4	−2.8	4.0
	佛山	4.9	3.8	10	−2.8	3.7
	东莞	3.5	5.6	14.5	−3.4	5.4
	珠海	7.3	5.9	13	3.1	6.5
	江门	7.5	5.4	13.6	−2.5	5.4
	中山	5.6	5.2	12.6	−3.4	4.9
	惠州	6.8	9	12.7	2.4	8.6
	肇庆	7.7	3.7	15.9	0.5	4.9
	珠三角九市	5	5	12.7	−1.6	5.1
用电量占比	广州	19.9	19.9	19.8	20.1	—
	深圳	20.8	19.6	19.6	19.3	—
	佛山	15	14.2	13.8	13.7	—
	东莞	17	17.4	17.7	17.4	—
	珠海	3.7	3.8	3.9	4.0	—
	江门	6	6.2	6.2	6.2	—
	中山	6.3	6.3	6.3	6.2	—
	惠州	7.4	8.9	8.9	9.3	—
	肇庆	3.9	3.6	3.7	3.8	—
	珠三角九市	100	100	100	100	—

注 1. 由于数据采用四舍五入，分项累计可能与总数略有差别。

2. 2015年用电量增速为2010—2015年5年平均增速，2020年用电量增速为2015—2020年5年平均增速。

5.1.2 香港电力需求

香港用电量基本维持饱和状态。2015年以来，香港用电量基本进入饱和状态，年用电量在480亿kWh左右波动。2022年香港全社会用电量484

亿 kWh，同比下降 2.3%[1]。2015—2022 年香港全社会用电量及增速如图 5 - 8 所示。

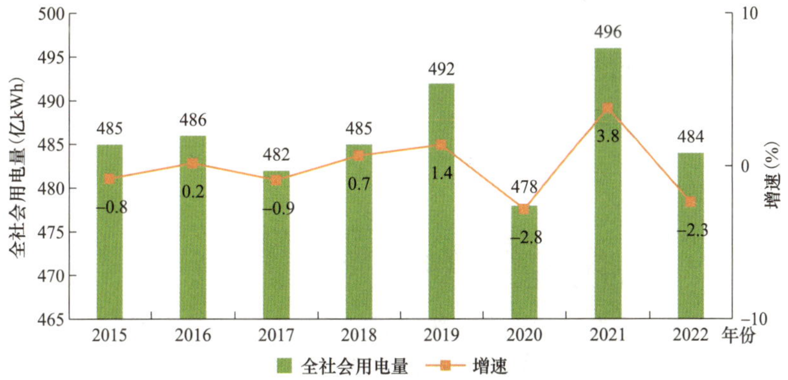

图 5 - 8　2015—2022 年香港全社会用电量及增速

香港净进口电量与上年基本持平。2022 年，香港全社会用电量 484 亿 kWh，其中本地发电量 361 亿 kWh，从内地进口电量 126 亿 kWh，不再出口内地。2015 年以来，香港净进口电量从 106 亿 kWh 增长到 2022 年的 126 亿 kWh，净进口占比从 21.8%增长到 2022 年的 25.9%，总体呈增长趋势。2015—2021 年香港电量供需平衡情况如表 5 - 3 所示。

表 5 - 3　　2015—2022 年香港电量供需平衡情况　　单位：亿 kWh，%

项目	2015 年	2020 年	2021 年	2022 年
本地发电	379	351	370	361
内地进口	117	127	126	126
出口内地	12	0	0	0
全社会用电量	485	478	496	484
净进口电量	106	127	126	126
净进口占比	21.8	26.6	25.3	25.9

注　1. 全社会用电量＝本地发电＋内地进口电量-出口内地电量。
　　2. 净进口电量＝内地进口电量-出口内地电量。

商业用电量占据香港用电量的首位。香港用电主要由商业（包括由政府账目支付的街灯本地用电量）、住宅和工业用电组成。2022 年，商业用电量

[1] 数据来源：香港政府统计处。

315 亿 kWh，占供电量的 64.9%，同比上升 0.5 个百分点，是最主要的用电行业；住宅用电量 137 亿 kWh，占供电量的 28.2%，同比下降 0.6 个百分点，居第二位；工业用电量为 33 亿 kWh，占比为 6.9%，同比上升 0.1 个百分点。2022 年香港用电量构成如图 5-9 所示。

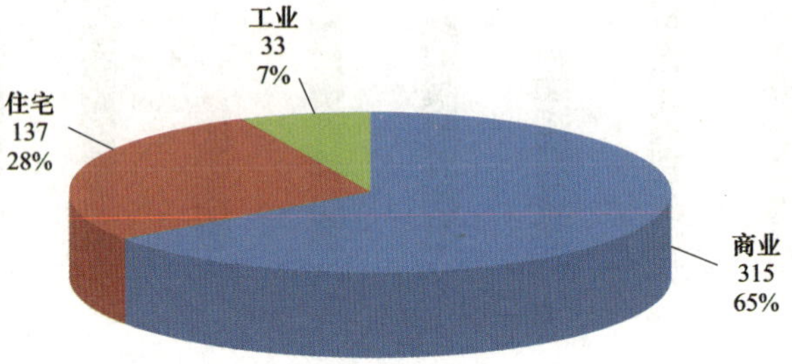

图 5-9　2022 年香港用电量构成（单位：亿 kWh）

5.1.3　澳门电力需求

澳门全社会用电量小幅回落。由于疫情影响和气温偏低，2022 年澳门用电量 55 亿 kWh，同比下降 3.8%[1]。2015—2022 年，澳门用电量年均增长率 1.3%，2019 年及以前保持增长态势，近年来用电量基本饱和。2015—2022 年澳门全社会用电量及增速分别见图 5-10 和表 5-4 所示。

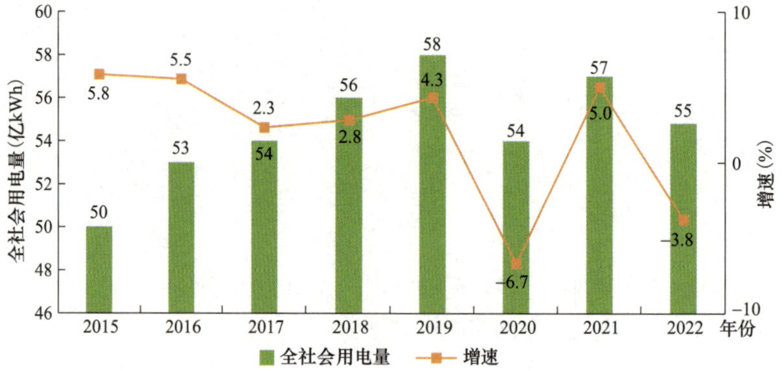

图 5-10　2015—2022 年澳门全社会用电量及增速

[1] 数据来源：澳门统计暨普查局。

表 5-4　　2010—2022 年澳门全社会用电量　　单位：亿 kWh，%

项目	2015 年	2020 年	2021 年	2022 年	2015—2022 年均增速
用电量	50	54	57	55	—
增速	5.1	1.6	5.0	-3.8	1.3

注　2015 年增速为 2010—2015 年 5 年平均增速，2020 年增速为 2015—2020 年 5 年平均增速。

澳门大部分电量由中国内地进口。2022 年，澳门从中国内地进口电量 49 亿 kWh，占澳门全社会用电量的比重高达 89%。2015—2022 年，澳门进口电量占全社会用电量的比重除 2017 年（73.0%）外，其余年份均超过 80%，2021 年高达 91.3%。2015—2022 年澳门电量平衡情况如表 5-6 所示。

表 5-5　　2015—2022 年澳门电量平衡情况　　单位：亿 kWh，%

项目	2015 年	2020 年	2021 年	2022 年
发电量	10	6	5	6
进口电量	41	49	52	49
全社会用电量	50	54	57	55
进口占比	80.8	89.6	91.3	88.9

澳门用电以工商业用电为主。从售电量结构来看，澳门用电主体分为工商业场所、住户和政府机构等三类，其中工商业场所用电是澳门最大的用电主体。2022 年，澳门工商业场所用电量 34.5 亿 kWh，占售电量的比重为 66%。2015—2022 年澳门电力消费构成如表 5-7 所示，2022 年澳门电量消费构成如图 5-11 所示。

表 5-6　　2015—2022 年澳门电力消费情况　　单位：亿 kWh

项目	2015 年	2020 年	2021 年	2022 年
全社会用电量	50	54	57	55
自用及损耗	2.3	2.3	2.2	2.3
终端用电量	47.8	51.9	54.6	52.5
免费用电量	0.10	0.10	0.10	0.11
售电量	47.8	51.8	54.5	52.4
其中：工商业场所	36.2	33.6	36.4	34.5

续表

项目	2015年	2020年	2021年	2022年
住户	9.4	13	12.5	12.4
政府机构	2.2	5.3	5.6	5.5

注 1. 全社会用电量＝自用及损耗＋终端用电量。
2. 终端用电量＝免费用电量＋售电量。
3. 政府机构用电量指所有由政府付费的电表合同的用量总计，包括一般公共行政机构、城市公共照明、公营的医疗及教育机构等。

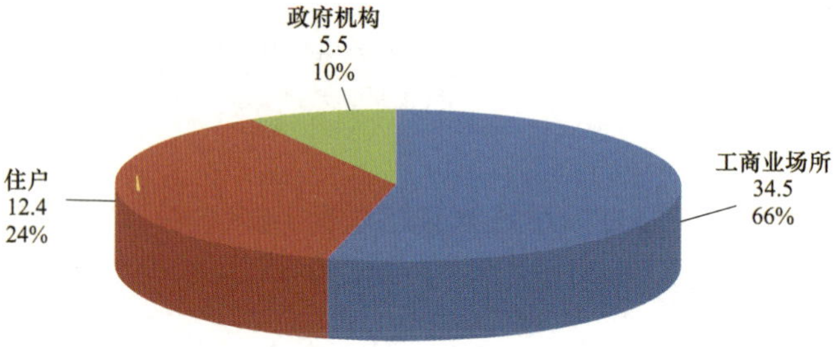

图5-11　2022年澳门售电量构成（单位：亿kWh）

5.2　电源发展

5.2.1　电力供应整体情况

5.2.1.1　电力供应来源

粤港澳大湾区电力供应对外依存度较高。粤港澳大湾区电力供应来源包括区内电源、西电东送以及粤东、粤西、粤北地区送电。粤港澳大湾区本地电源供应不足，2022年粤港澳大湾区全社会用电量6099亿kWh，其中粤港澳大湾区总发电量约3543亿kWh，区内电源发电量占粤港澳大湾区全社会用电量的比重约58%；购西电电量1814亿kWh，同比减少3.9%，购西电电量占粤港澳大湾区全社会用电量的30%。考虑区内电源以及西电东送的电量后，仍需要粤东、粤西、粤北地区送电约743亿kWh，约占粤港澳大湾区全社会用电量约 12%[1]。2022 年粤港澳大湾区电量供应及占比如图 5-12 所示。

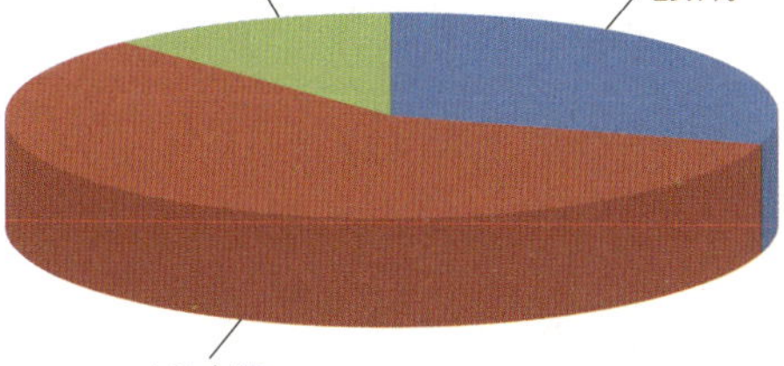

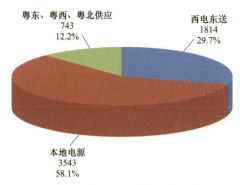

图 5-12　2022 年粤港澳大湾区电量供应及占比（单位：亿 kWh）

5.2.1.2　电力供应构成

清洁能源电力供应占比超过一半。2022 年粤港澳大湾区电力供应中，区域内清洁电量供应约 2137 亿 kWh，电量供应占比约 60%；西电东送清洁电量占比约 80%，电量约 1453 亿 kWh；若考虑粤东、粤西、粤北地区送入粤港澳大湾区的清洁电力为零，2022 年粤港澳大湾区清洁能源电力供应占全社会用电量比值达 59%，超过全社会用电量的一半。2022 年粤港澳大湾区电量供应构成如图 5-13 所示。

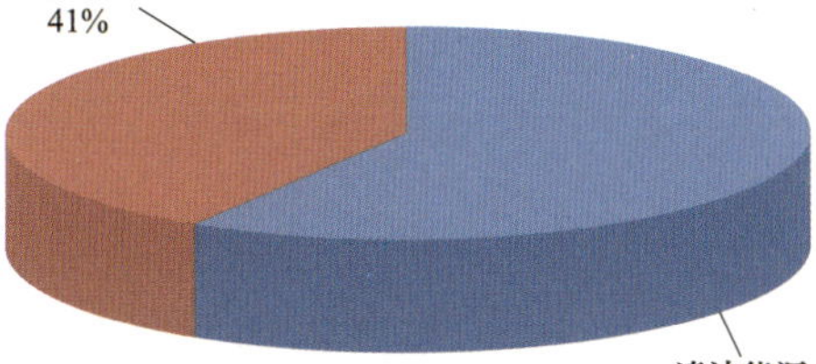

图 5-13　2022 年粤港澳大湾区电量供应构成（单位：亿 kWh）

5.2.2　区内电源发展情况

5.2.2.1　区内电源装机

粤港澳大湾区电源装机容量稳定增长。2022 年底，粤港澳大湾区电源

[1] 数据来源：《广东电网公司统计资料汇编》《广东电网有限责任公司数据资产清单》、南方五省区电力统计年报、香港政府统计处、澳门统计暨普查局。

总装机容量为10 023万kW，同比增长3.9%。其中，清洁能源装机总容量为6789万kW，同比增长8.7%，占总装机容量的比重为67.7%，比重同比提升3个百分点。煤电、气电、水电、抽水蓄能、核电及新能源装机容量分别为3234万、3900万、141万、600万、962万kW和1184万kW，分别占总装机容量的32.3%、38.9%、1.4%、6.0%、9.6%和11.8%。2015—2022年粤港澳大湾区电源装机构成如图5-14所示。

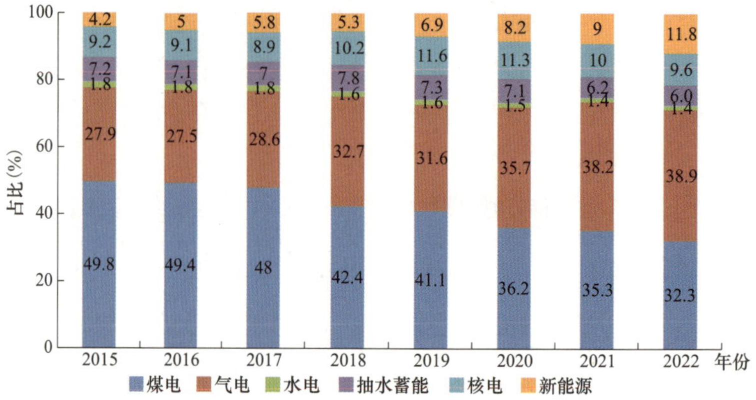

图5-14　2015—2022年粤港澳大湾区电源装机构成

新能源装机占比持续提升。2022年底，粤港澳大湾区新能源装机容量1184万kW，同比增长36.8%，占总装机容量的比重为11.8%，比2015年比重提升了7.6个百分点。陆上风电、海上风电、光伏、生物质及其他装机容量分别为60万、74万、742万、308万kW，分别占总装机容量的0.6%、0.7%、7.4%、3.1%。2015—2022年粤港澳大湾区新能源电源装机占比如图5-15所示。

光伏装机增速迅猛。粤港澳大湾区集中式光伏、整县屋顶分布式光伏快速发展，2022年底，粤港澳大湾区光伏装机742万kW，同比增长85%。其中，江门、佛山、惠州光伏装机分别为239万、155万、98万kW，位居前三位，江门、佛山、东莞光伏装机规模增幅最大，较2021年分别增加126万、68万、41万kW。

5.2.2.2　区内电源发电量

粤港澳大湾区电源总发电量有所提升。2022年，粤港澳大湾区总发电量为 3543 亿 kWh，同比增长 6.4%。清洁能源发电量为 2137 亿 kWh，占发电总量的比重为 60.3%。其中，煤电发电量为 1405 亿 kWh，占比 39.7%；气电发电量为 1099 亿 kWh，占比 31%；水电发电量为 38 亿 kWh，占比 1.1%；抽水蓄能发电量为 60 亿 kWh，占比 1.7%；核电发电量为 685 亿 kWh，占比 19.3%；新能源发电量为 255 亿 kWh，占比 7.2%。2015—2022 年粤港澳大湾区电源发电量构成如图 5-16 所示。

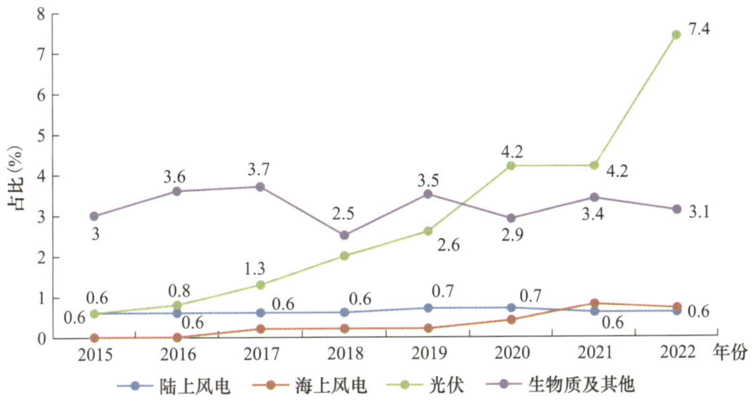

图 5-15　2015—2022 年粤港澳大湾区新能源电源装机占比

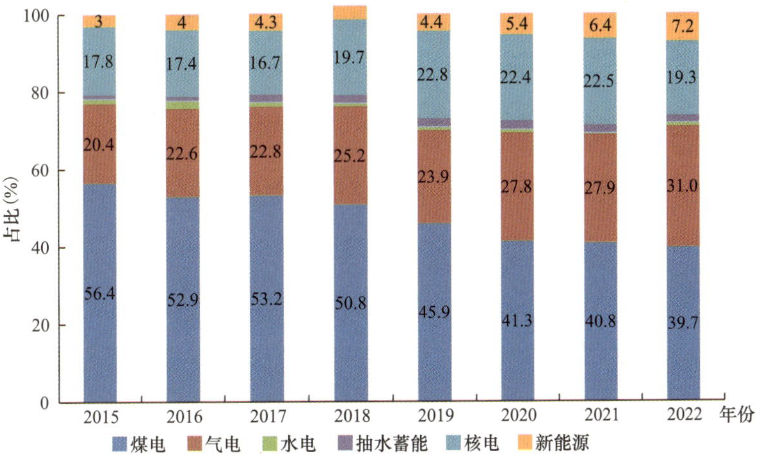

图 5-16　2015—2022 年粤港澳大湾区电源发电量构成

新能源发电量稳步提升。2022 年，粤港澳大湾区新能源发电量为 255 亿 kWh，同比增长 19.3%，占发电总量的比重为 7.2%，比 2015 占比提高

4.5个百分点。2015—2022年粤港澳大湾区新能源发电量构成如图5-17所示。

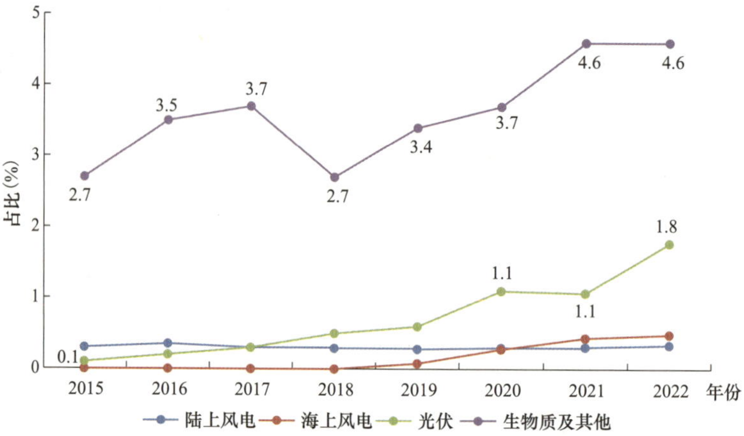

图5-17　2015—2022年粤港澳大湾区新能源发电量构成

5.2.3　西电东送供应情况

西电东送为粤港澳大湾区电力供应保障提供有力支撑。2022年，粤港澳大湾区共接受西电东送电力总容量4508万kW，受西电最大电力4340万kW[1]，购入西电东送电量约1814亿kWh（受端），占粤港澳大湾区全社会用电量的30%，为粤港澳大湾区电力供应提供了有力保障[2]。其中，云南送电1155.9亿kWh，占比约64%；贵州送电277.9亿kWh，占比约15%。2022年粤港澳大湾区西电东送容量和电量明细分别如表5-7、表5-8所示。

表5-7　2022年粤港澳大湾区西电东送容量　　单位：万kW

序号	合计	4508
1	云南合计	2850
2	贵州合计	800
3	天广直流	168

[1] 数据来源：南方电网调度控制中心，南方电网调度年报。
[2] 数据来源：南网五省区电力统计年报。

续表

序号	合计	4508
4	龙滩	210
5	三广直流	300
6	鲤鱼江	180

表 5-8　　2022 年粤港澳大湾区西电东送电量　　单位：亿 kWh，%

序号	名称	2021 年	2022 年	同比增长率
1	天生桥送电	46.5	69.0	48.3
2	广西送电	23.5	50.2	113.6
3	云南送电	1168.5	1155.9	-1.1
4	贵州送电	373.1	277.9	-25.5
5	三峡、鲤鱼江、桥口电厂送电	232.4	192.1	-17.3
6	龙滩电站送电	48.6	68.6	41.2
	合计	1893	1814	-4.2

5.2.4　电源发展成效及热点

新增煤电项目为大湾区电力可靠供应保驾护航。2022 年，为贯彻落实国家和广东省关于稳住经济大盘和能源电力保供的决策部署，发挥电力重大项目稳增长、促投资、保供电作用，提升全省电力供应保障能力，加强支撑性和保障性电源建设，按照国家关于“先立后改”加快煤电规划建设相关要求，广东省发展改革委先后将大埔电厂二期扩建、国粤韶关电厂扩建等 12 个项目纳入国家“十四五”新增煤电建设规模，总规模 2318 万 kW，计划 2025 年底前建成投产。其中，电力海丰（小漠）电厂 3、4 号机组、粤电惠来（靖海）电厂 5、6 号机组、国家电投揭阳（前詹）电厂等共计超过 1400 万 kW 电力将送至珠三角消纳，投产后可为进一步保障大湾区能源电力安全提供坚强保障。

广东梅州、阳江抽水蓄能电站全面建成投产。2022 年 5 月，南方电网建设的阳江、梅州两座百万 kW 级抽水蓄能电站同时投产发电。至此，粤港澳大湾区电网抽水蓄能总装机近 1000 万 kW，高峰时段顶峰发供电能力大幅提高。电站投产后，将为粤港澳大湾区电力系统中的新能源占比不断加大提供有效资源调节，促进新能源充分消纳。阳江抽水蓄能电站是目前国内已投运单机容量最大的抽水蓄能电站，建成3台40万kW的发电机组，上下水库抽水高差达到了700m，核心设备实现了全国产化；梅州抽水蓄能电站建设周期仅48个月，创下同类工程最短工期纪录，首次实现机组的整套开关设备全国产化。

肇庆浪江、惠州中洞抽水蓄能电站全面开工建设，助力粤港澳大湾区新型能源体系建设。2022年11月，由南网储能公司主导开发的南方电网肇庆浪江抽水蓄能电站全面开工，总装机容量120万kW，将安装4台30万kW机组，其中1台机组为我国自主研发的可变速机组，工程总投资约86亿元，计划2025年底前投产发电。2022年12月，南方电网惠州中洞抽水蓄能电站全面开工，总装机容量120万kW，将安装3台40万kW机组，其中1台机组为变速机组，是我国首个单机40万kW变速抽水蓄能工程项目，工程总投资约83亿元，计划2025年底前投产发电。两座电站的建设将助力粤港澳大湾区加快建成新能源高比例消纳的新型能源体系和绿色能源基地，提升我国抽水蓄能设备装备制造水平。

多功能模式新能源项目开发助力大湾区清洁电源发展。2022年，粤港澳大湾区单体连片规模最大的广东省江门市台山海宴镇50万kW渔业光伏发电项目二期工程成功并网发电。该项目采用“光伏发电＋渔业养殖＋观光旅游＋科普教育”的多功能模式，规划总装机容量50万kW，其中项目一期20万kW已全部并网，本次并网的二期项目装机容量30万kW。项目全部投产后，预计每年可提供5.43亿kWh清洁电能，相当于每年节约标准煤15.75万t，减少二氧化碳排放41.89万t。

港灯天然气发电量占比进一步提升。2022年4月，香港电灯有限公司（简称“港灯”）新建投产燃气机组L11，容量38万kW，采用“联合循环发电”技术，机组配备有“选择性催化还原脱硝技术”可进一步减低发电过程中的氮氧化物排放。机组投产后，2022年港灯天然气发电量占总发电量比重达到约 50%。

5.3　电网发展

5.3.1　电网发展整体现状

5.3.1.1　珠三角电网

2022 年底，珠三角电网直流最高电压等级±800kV、交流最高电压等级 500kV，通过 10 回直流线路及 4 回 500kV 交流线路与中西部电网互联，珠三角范围内 500kV 主网架已初步形成基于湾区外环的柔性直流互联电网结构，并与粤东西北通过交流通道联络，向东延伸至潮州、向西辐射到湛江、向北辐射到韶关。

珠三角电网的交流电压等级包括 500、220、110、35、20/10kV 和 0.38（0.22）kV。2022 年底，珠三角电网有柔直背靠背换流站 2 座；500kV 变电站 49 座，其中含开关站 2 座，500kV 主变压器容量 12 602 万 kVA，500kV 线路总长度约 7740km；220kV 公用变电站 327 座，220kV 主变压器容量 18 138 万 kVA，220kV 线路总长度约 16 585km；110kV 公用变电站 1429 座，110kV 主变压器容量 18 195 万 kVA，110kV 线路总长度约 24 249km；35kV 公用变电站 46 座，35kV 主变压器容量 61 万 kVA，35kV 线路总长度约 1021km；10kV 线路 27 063 回，10kV 线路长度 206 382km（其中电缆 145 823km），开关柜 661 515 面，柱上开关 73 346 台[1]。

5.3.1.2　香港电网

香港电网的电压等级包括 400、275、132、66、33、11、0.38（0.22）kV，由香港中华电力有限公司（以下简称中电）和香港电灯有限公司（以下简称港灯）2 大公司分区管理和运营。为了电力余缺互补、提高供电可靠性和减少应急备用容量，港灯与中电的供电系统在北角（港岛侧）与红磡

[1] 数据来源：《广东电网公司统计资料汇编》《广东电网有限责任公司数据资产清单》。

（九龙侧）之间有3回132kV跨海电缆作为电力联络线，输送容量3×24万kW。中电电网通过4回400kV线路及7回132kV线路与广东电网互联。

中电供电范围包括九龙、新界、长洲、竹篙屿、大屿山、喜灵洲、东平洲等一些离岛，供电区的面积约占香港地区总面积的91%，最高电压为400kV，骨干输电网为400kV双回路环网及132kV电网。2022年底，中电电网共有15 653座变电站，输配电线路总长度16 678km[1]。

港灯主要负责给港岛、鸭脷洲、南丫岛以及蒲苔岛等地区供电。港灯电网经营范围主要为香港岛，电网最高电压275kV，调度中心位于鸭脷洲，坐落于南丫岛的南丫电厂通过多回275kV的海底电缆与主网连接。2022年底，港灯输配电网变电站（含开关站和用户变电站）4028座，电力线路总长度6853km[2]。

5.3.1.3 澳门电网

澳门电网覆盖澳门半岛、氹仔岛及路环岛全部区域，以及珠海横琴岛的澳门大学校区，由澳门电力股份有限公司运营，电压等级包括了220、132、66、11kV和0.4kV，电网线路以110、66kV电缆为主。截至2022年底，澳门输电网共有27座主变电站、8座用户高压开关站、1697个用户变电房及46用户开关站；220kV线路总长度122km；110kV线路总长度353km；66kV线路总长度585km，中、低压线路总长度3600km[3]。

5.3.2 输电网和区内外联网发展

5.3.2.1 珠三角输电网

珠三角主干网初步形成基于湾区外环的柔性直流互联电网结构。珠三角主干网已初步形成基于500kV湾区外环（中段振兴一渡水开关站4回线路已投产）的柔性直流分区互联电网结构，珠三角内部通过粤中、南柔性直流

---

❶ 数据来源：中电2022年报。

❷ 数据来源：港灯电力投资2022年报。

❸ 数据来源：2022澳电年报。

背靠背互联，并与粤东西北通过交流通道联络，向东延伸至潮州、向西辐射到湛江、向北辐射到韶关，区域之间联系紧密。珠西南（江中珠、广佛南地区）形成五邑—鳌峰—狮洋—广南—顺德—凤城—侨乡—江门—五邑、香山—国安—加林—桂山—文山—狮洋—广南—顺德的双回环网结构，与粤西电网有 3 个 500kV 输送通道相联系；珠西北（广佛北、肇庆地区）形成西江—罗洞—北郊—增城—木棉—科北—从西—花都—东坡—玉城—砚都—西江的双回环网结构，并与粤西、粤北、外环形成 5 个 500kV 联络通道；珠东北（东莞、惠州北地区）形成穗东—横沥—纵江—莞城—崇焕—水乡—穗东双回环网结构，并与粤东、外环形成 3 个 500kV 联络通道；珠东南（深圳、惠州南地区）形成鹏城—宝安—鲲鹏—岭澳—深圳—鹏城、崇文—祯州—屹百—现代—紫荆—崇文双回环网结构，并与粤东形成 1 个 500kV 联络通道。

5.3.2.2　珠三角与港澳联网

粤港互联、粤澳互联持续加强。珠三角通过 4 回 400kV 线路、7 回 132kV 线路与香港联网，协议送电规模 235 万 kW，约占香港最大用电负荷 23%。2022 年，内地通过南方电网向香港输送电量累计突破 3000 亿 kWh，年送电量占香港总用电量比重进一步提升，为香港经济社会发展注入了强劲动能。对澳联网方面，2022 年 11 月，南方电网对澳门送电第三通道 220kV 烟北甲乙线正式投产，形成南、北、中三个通道，8 回 220kV 电缆、4 回 110kV 电缆线路（处于备用）的网架格局，送电能力提升至 170 万 kW，内地对澳门电力供应保障能力进一步提高。

5.3.2.3　区外联网

（1）西电东送。2022 年，粤港澳大湾区西电东送受入规模维持 2021 年水平，中西部省区电网通过 10 回直流向粤港澳大湾区送电，包括±500kV 天广直流 1 回、±500kV 江城直流 1 回，±500kV 禄高肇直流（高肇段）1 回、±500kV 兴安直流 1 回、±500kV 牛从直流 2 回、±800kV 楚穗直流 1 回、±800kV 普侨直流 1 回、±800kV 新东直流 1 回、±800kV 昆柳龙直流

1回；通过3回交流线路与中西部省区电网互联，包括梧罗500kV交流线路1回、贺罗500kV交流线路2回。

（2）广东省内联网。粤东、粤西、粤北地区是广东省重要的电源基地，粤东地区承担向珠三角东部莞深惠地区送电的任务，2022年底，粤东地区除小漠电厂、甲湖湾电厂及梅州蓄能“点对网”外送通道外，已形成3个“网对网”外送通道共7回500kV线路向珠三角地区送电；粤西地区除通过博贺电厂—鹅凰、阳西C厂—鹅凰、阳江核电—五邑（鳌峰）“点对网”送电外，还通过蝶岭4回500kV线路向珠三角送电；粤北地区已形成3个外送通道共6回500kV线路向珠西北地区送电及清远蓄能电厂到花都的“点对网”送电通道。2022年粤东、粤西、粤北地区“点对网”送电明细如表5-9所示。

表5-9　　2022年粤东、粤西、粤北地区“点对网”送电明细

序号	电源名称	装机区域	送入区域
1	小漠电厂	粤东	珠东北
2	甲湖湾电厂	粤东	珠东北
3	梅州蓄能	粤东	珠东北
4	阳江核电	粤西	珠西南
5	博贺电厂	粤西	珠西北
6	阳西C厂	粤西	珠西北
7	清远蓄能	粤北	珠西北

数据来源：南方电网“十四五”电网规划数据资料。

5.3.3　配电网发展情况

5.3.3.1　珠三角配电网

珠三角配电网网架结构、接线方式和供电形式多样。珠三角配电网电压等级包括110、35、20、10kV及380V。高压配电网结构包括双回链式、不完全双回链式，部分为双回辐射式等典型接线形式及其他非典型的接线形式，并构成以220kV变电站为中心分片运行的模式，运行方式灵活，负荷转移能力强。中压配电网结构包括 n 供一备、“$n-1$”单环网、n 供一备、双环网、N 分段 n 联络等典型接线形式。珠三角主要城市中压配电网为满足用户需求与供电可靠性要求，正逐步改造为可靠性更高的接线方式，在广州、珠海等地的部分新型电力系统示范区采用 220kV 直降 20kV 电压等级，构建 20kV 花瓣型、双环网闭环运行接线。

5.3.3.2 香港配电网

香港电网除极少数为架空线外，其余均为直埋式、专用缆沟敷设或专用隧道的电缆线路，132kV 高压配电网由多个环形结构组成，互相联络与备用。香港电网 11kV 配电系统为电缆环网，正常闭环运行。其中，中电电网已建成梅花形多环网络，实现两供一备、一供一备。

5.3.3.3 澳门配电网

澳门电网基本由地下电缆构成，以 110、66kV 电缆为主。2022 年底，澳门 110kV 配变容量为 148 万 kVA，110kV 电缆线路长度 353km；66kV 配变容量 206.2 万 kVA，66kV 电缆线路长度 585km❶。为保证澳门电网安全供电，澳门 110kV 电网主要采用长期环网运行方式。

5.3.4 电网发展成效及热点

世界上容量最大的柔性直流背靠背工程护航大湾区电网安全稳定。2022 年 5 月，粤港澳大湾区直流背靠背电网工程正式建成投产，是世界上首次针对电网复杂结构进行了合理分区、柔性互联的项目，将从根本上化解广东电网大面积停电、短路电流超标、多直流落点风险三大风险，显著提升广东电网的电力供应和配置能力。工程总投资约 99 亿元，历时两年建设，带动上下游产业链投资约 80 亿元，是世界上容量最大的柔性直流背靠背工程，也是世界上首次将柔直应用于大电网安全稳定领域，实现柔性构网。作为广东电网目标网架建设的重要组成部分，工程采用了全自主可控柔性直流换流阀和控制保护装置，首次实现直流输电系统“中国芯”。换流站建设全

❶ 数据来源：2022 澳电年报。

面应用绿色低碳技术及数字化技术，绿色等级达到最高级别。同步建成实现贯穿全生命周期全息实时数字孪生换流站，服务美丽中国和数字中国建设。

粤港澳大湾区500kV外环中段工程正式投产。2022年5月，粤港澳大湾区500kV外环中段工程正式投产送电，该工程是贯彻落实国家粤港澳大湾区发展规划以及“一核一带一区”区域发展新格局等重大战略的具体实践，是广东东、西电力互济的关键和广东目标网架的核心组成部分，具有枢纽地位。工程投产后将打通大湾区外环500kV电网主干通道，为粤港澳大湾区高质量发展、“双碳”目标实现提供坚强电力保障。

南方电网公司首个六氟化硫/氮气混合气体试点工程落地实施。2022年12月，广东广州220kV磨碟洲变电站接地开关气室成功实现六氟化硫/氮气（以下简称SF_6/N_2）混合气体充装，标志着南方电网公司首个SF_6/N_2混合气体试点工程落地实施，为变电站“低碳建设、零碳运行”提供了实践经验。近年来，为解决六氟化硫造成的环境问题，广东电网公司稳妥推进六氟化硫气体替代，组建了六氟化硫气体减排及替代技术攻关团队，探索SF_6/N_2混合气体应用和无氟开关设备试点。其中，利用SF_6/N_2混合气体置换纯净的六氟化硫气体，后者经回收净化后循环利用于设备检修用气，六氟化硫气体回收率高达99%，新增使用量减少约61%，减排效果立竿见影。

打造电氢协同应用示范。2022年8月，“多位一体”微能源网示范工程在广州建成投产，这是中国一芬兰能源合作首个示范项目，致力于打造涵盖冷热电综合能源一体化的粤港澳大湾区智慧低碳园区新标杆，推动能源利用效能提升，助力低碳新技术新模式新业态发展。广东电网广州供电局与芬兰企业围绕固体氧化物燃料电池、太阳能集热系统及基岩储能系统三大领域，深入开展关键技术研发和示范工程建设，目前已建成国内最大单组容量的60kW固体氧化物燃料电池、实现了高效率太阳能集热系统在分布式供能的应用及基岩储能系统在跨季节储能的应用。预计项目园区每年可减碳200t，相当于植树一万棵。也为智慧园区可再生能源高效利用及综合能源优化提供了可复制、可推广的技术方案和商业应用模式。

电网可靠性进一步提升。2022 年南方电网公司全口径用户平均停电时间同比下降超过 20%，深圳福田中心区、珠海横琴新区等示范区降低至 2min 以内，达到国际同类城市顶尖水平；香港中电每户非计划停电时间约 5.7min，港灯每户非计划停电时间小于 0.5min；澳门电力户均停电时间 20min，粤港澳大湾区户均停电时间进入 1h 以内。

数字化转型进入“快车道”。2022 年，大湾区数字电网，电网数字化、智能化水平大幅提升。南方电网公司大力推广利用各类智能终端及无人机等实现无人化智能巡视，实现 220kV 以上线路通道数字化、无人机自动巡检全面覆盖。广东电网成为国内第一个率先实现省级区域机巡全覆盖的单位，积极探索采用智能终端在线监测山火、覆冰、密集通道、重要交叉跨越、电缆隧道环境等业务应用。香港中电将人工智能、物联网和大数据等数字技术融入营运中，其打造的数字平台在客户群中的渗透率从 2019 年的 7%增长至 2022 年的 63%。港灯推出了多个网上平台，实现以快捷方便的方式管理账户、提出申请和查询，提升客户的数字化体验。澳门电力电网工程管理移动应用程序全面上线，完成对 373 个工作流程梳理和整合，实现超过 1 万个电网施工及运维数据点的可视化，覆盖 36 种电网关键资产，将工程施工及运维过程中采集的资料按照规范进行数字化存储，实现电网工程数字化管理。

粤港澳大湾区首个车网双向互动示范项目在深圳投运。粤港澳大湾区首个车网双向互动示范项目——龙华区民兴苑充电站在深圳投运。该项目是南方电网公司在深圳投运的粤港澳大湾区首个车网双向互动（V2G）示范项目。该示范站共配置 10 个充电桩，其中 5 个具备车网互动功能、5 个具备有序充电功能。具备车网互动功能的充电桩，通过车网互动资源聚合管理平台接入虚拟电厂，参与需求侧响应，从而实现电动汽车双向充放电和有序充电。

5.4 电力市场

5.4.1 电价水平

5.4.1.1 珠三角电价水平

珠三角核心区域输配电价水平较高。2022年，珠三角地区电网按照《关于降低我省输配电价的通知》（粤发改价格函〔2019〕2729号）相关要求执行，具体输配电价如表5-10、表5-11所示。

表5-10　珠三角电网各价区输配电价表（不含深圳市）

价区	用电分类	电度电价（元/kWh）					基本电价	
		不满1kV	10(20)kV	35kV	110kV	220kV	变压器容量 元/（kV·月）	最大需量 元/（kW·月）
珠三角5市	一、大工业用电		0.137 1	0.112 1	0.112 1	0.087 1	23	32
	二、一般工商业用电	0.234 4	0.209 4	0.184 4	0.184 4	0.184 4		
江门市	一、大工业用电		0.137 1	0.112 1	0.112 1	0.087 1	23	32
	二、一般工商业用电	0.220 4	0.195 4	0.170 4	0.170 4	0.170 4		
惠州市	一、大工业用电		0.107 7	0.082 7	0.082 7	0.057 7	23	32
	二、一般工商业用电	0.217 4	0.192 4	0.167 4	0.167 4	0.167 4		
东西两翼地区	一、大工业用电		0.049 4	0.024 4	0.024 4	-0.000 6	23	32
	二、一般工商业用电	0.152 1	0.127 1	0.102 1	0.102 1	0.102 1		

注　1. 表中电价含增值税、线损和交叉补贴，不含政府性基金及附加。
2. 珠三角5市包括广州、珠海、佛山、中山和东莞市；江门市的恩平市、台山市、开平市执行东西两翼地区的标准。

表 5 - 11　　　　深圳市输配电价表

用电类别			容量电价		电度电价（元/kWh）				
			变压器容量［元/（kVA·月）］	最大需量［元/（kW·月）］	10kV 高供高计	10kV 高供高计（380V/220V 计量）	20kV	110kV	220kV 及以上
工商业及其他用电（101～3000kVA）	每月每千伏安用电	250kWh 及以下	22	54	0.180 4	0.205 4	0.174 4	0.155 4	0.130 4
		250kWh 以上			0.160 4	0.185 4	0.154 4	0.135 4	0.110 4
工商业及其他用电（3001kVA 及以上）	每月每千瓦用电	400kWh 及以下	32	42	0.130 4	0.155 4	0.124 4	0.105 4	0.080 4
		400kWh 以上			0.110 4	0.135 4	0.104 4	0.085 4	0.060 4
普通工商业及其他						0.238 5			

注　1. 上述输配电价含增值税、线损和交叉补贴，不含政府性基金及附加。
2. 3001kVA 及以上的工商业用户可选择执行大量用电或高需求用电类别。

峰谷分时电价进一步完善，峰谷价差合理拉大。根据广东省发改委《关于进一步完善我省峰谷分时电价政策有关问题的通知》（粤发改价格〔2021〕331 号），自 2021 年 10 月 1 日起，广东全省统一划分峰谷分时电价时段，其中高峰时段为 10～12 时、14～19 时；低谷时段为 0～8 时；其余时段为平段。峰平谷比价从现行的 1.65∶1∶0.5 调整为 1.7∶1∶0.38。同时，实施尖峰电价政策，实施范围与峰谷分时电价政策一致，不包括居民用户。尖峰电价执行时间为 7、8 月和 9 月 3 个整月，以及其他月份中日最高气温达到 35℃及以上的高温天。日最高气温以中央电视台每晚 19 时新闻联播节目天气预报中发布的广州次日最高温度为准，次日予以实施。尖峰电价每天的执行时段为 11～12 时、15～17 时共 3h。尖峰电价在上述峰谷分时电价的峰段电价基础上上浮 25%。

广州、珠海、佛山、中山、东莞 5 市电价价目表如表 5 - 12 所示。

表 5-12　　广州、珠海、佛山、中山、东莞 5 市电价价目表

单位：分/kWh（含税）

用电分类		基础（平段）电价	低谷电价	高峰电价
一、大工业				
（一）基本电价	变压器容量［元/（kVA•月）］		23.00	
	最大需量［元/（kW•月）］		32.00	
（二）电度电价	1～10kV	61.04	23.20	103.77
	20kV	60.72	23.07	103.22
	35～110kV	58.54	22.25	99.52
	220kV 及以上	56.04	21.30	95.27
二、一般工商业电度电价	不满 1kV	67.25	25.56	114.33
	1～10kV	64.75	24.61	110.08
	20kV	64.34	24.45	109.38
	35kV 及以上	62.25	23.66	105.83
	广州、佛山市地铁电价	57.55		
稻田排灌、脱粒电度电价		38.11		
农业生产电度电价		62.71		

5.4.1.2　香港电价水平

香港可再生能源上网电价与装机容量成反比。2018 年香港《管制协议计划》实行以来，上网电价是推广分布式可再生能源发展的重要措施。已安装太阳能光伏或风力发电系统的用户，可以高于一般电费水平向电力公司售卖可再生能源发电电量。香港可再生能源上网电价如表 5-13 所示。

表 5-13　　香港可再生能源上网电价[1]　　单位：港元/kWh

装机容量	上网电价
等于或小于 10kW	4
大过 10kW 但不超过 200kW	3
大过 200kW 但不超过 1MW	2.5

香港平均销售电价受燃料价格影响有所提升。根据香港的售电量和销售收入，2015—2021 年香港平均销售电价水平在 1.1～1.25 港元/kWh 左右。

[1] 数据来源：香港可再生能源网。

由于国际燃料价格攀升，中电和港灯均上调售电价格，2022 年平均售电水平达到 1.41 港元/kWh 左右，同比增长 13%。2015—2022 年香港平均销售电价如表 5-14 所示。

表 5-14　　2015—2022 年香港平均销售电价[1]

单位：亿 kWh、亿港元、港元/kWh

项目	2015 年	2016 年	2017 年	2018 年	2019 年	2020 年	2021 年	2022 年
销售电量	439	441	438	442	448	441	458	448
销售收入	524	520	493	507	529	529	571	633
平均销售电价	1.19	1.18	1.13	1.15	1.18	1.20	1.25	1.41

5.4.1.3　澳门电价水平

澳门电价根据专营合约规定可适时调整。澳门电价根据专营合约规定的计算方式，2022 年 A、B 及 C 组客户的电力收费调整系数第一季度均为 0.35，受燃油价格上升，广东省售电政策及汇率变化等因素影响，第二、三、四季度先有所上升，后小幅下调。2022 年四个季度的电力收费调整系数分别为 0.35、0.40、0.40 和 0.39[2]。

澳门平均售电价格约 1.3 澳门元/kWh。2015—2021 年，澳门平均售电价格在 1.25 澳门元/kWh 左右波动。受燃油价格上升，广东省售电政策及汇率变化等因素影响，2022 年平均售电价格小幅提升，达到 1.30 澳门元/kWh，同比增长 4.2%。2015—2022 年澳门售电价格如表 5-15 所示。

表 5-15　　2015—2022 年澳门售电价格

单位：亿 kWh、亿澳门元、澳门元/kWh

项目	2015 年	2016 年	2017 年	2018 年	2019 年	2020 年	2021 年	2022 年
售电量	47.75	50.31	51.64	53.13	55.4	51.8	54.4	52.4
售电收入	62.45	62.99	62.72	67.29	69.07	63.09	67.84	68.06
平均售电价格	1.31	1.25	1.21	1.27	1.25	1.22	1.25	1.30

[1] 数据来源：《香港能源统计年刊 2022》。
[2] 数据来源：《澳电年报 2022》。

5.4.2 市场建设成效及热点

5.4.2.1 电力交易

珠三角地区参与电力市场主体逐年增多。2022年底，珠三角9市进入电力交易市场目录的市场主体共计31 924家[1]。其中，售电公司共计242家，以广州、深圳两地数量居多，占比达73%；发电企业共计102家，以东莞、广州、江门、深圳数量居多，占比60%；2022年珠三角地区电力用户和售电公司市场准入情况如图5-18所示。

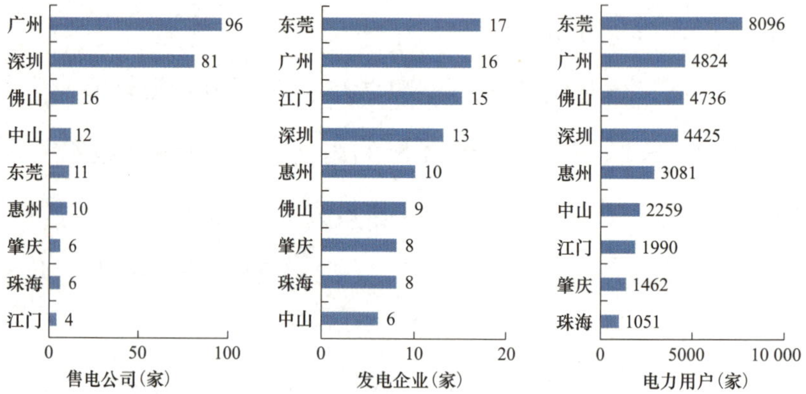

图5-18 2022年珠三角地区市场准入情况

市场化交易电量位列全国首位。2022年，广东电力市场累计交易电量5308.9亿kWh（含市场直接交易2985.7亿kWh、电网代购2323.2亿kWh），同比增长79.86%，位列全国第一，交易规模首次超过江苏。其中，中长期电力市场一级市场总成交电量2871.32亿kWh，成交均价499厘/kWh，其中煤机交易电量占比74.8%，气机交易电量占比20.0%，核电交易电量占比5.2%。可再生绿电累计交易电量15.4亿kWh，成交均价520厘/kWh，同比增长超500%。

5.4.2.2 需求侧管理

需求侧管理持续推进，以市场化机制引导用户主动“削峰填谷”。2022

[1] 数据来源：《广东电力市场2022年年度报告》。

年 3—4 月，《广东省市场化需求响应交易实施方案（试行）》《广东省市场化需求响应交易细则》印发，完善市场化需求响应交易机制，新增可中断负荷交易等品种。2022 年，广东累计开展 9 次市场化需求响应日前邀约交易，共 1132 家负荷聚合商（含自主参与用户）、5868 家零售用户参与，迎峰度夏最大削峰填谷负荷 277 万 kW，用户累计最大响应申报量 609 万 kW，有效响应调用收益 1.63 亿元，考核电费 0.03 亿元，净收益 1.60 亿元。

粤港澳大湾区首次利用网地一体虚拟电厂精准削峰。2022 年 4 月 29 日，粤港澳大湾区首次利用网地一体虚拟电厂实行精准削峰，实现深圳龙华区民兴苑的 V2G（新能源汽车与电网能量互动）充电站的瞬时充电功率降为零，进一步将车载电能返送回电网，实现了电动汽车与电网互动的迅速调节。

国内首个省级电网虚拟电厂管理中心在深挂牌成立。2022 年 8 月，国内首个省级电网虚拟电厂管理中心在深圳挂牌成立。该中心设立于深圳供电局，由深圳市发展和改革委员会管理，目前已接入分布式储能、数据中心、充电站、地铁等类型负荷聚合商 14 家，接入容量达 87 万 kW，接近一座大型煤电厂的装机容量。该中心主要负责深圳虚拟电厂管理平台的建设和日常运行维护，平台通过打通电网调度系统与聚合商平台接口，解决了海量互联网资源接入调度的安全防护难题，实现调度系统与用户侧可调节资源的双向通信，可满足调度对聚合商平台实时调节指令，为用户侧可调节资源参与需求响应及电力市场交易，实现电网削峰填谷提供技术基础，有效推动分布式光伏、用户侧储能、车网互动等分布式能源接入虚拟电厂集中管理，开展分布式能源市场化交易平台建设、运营及分布式能源交易消纳量的核算、监测和认证。

5.4.2.3　电碳耦合

南方电网与港澳高校共建联合科研机构。南方电网公司与澳门大学联合成立“南方电网—澳门大学碳中和智慧能源电力联合实验室”，主要聚焦开展物联网技术在能源电力领域的相关研究，积极探索“一国两制”下与港澳地区科技创新合作机制。未来，南方电网公司将继续与港澳地区高校及科研院所开展全方位合作，助力大湾区打造成为具有全球影响力的国际科技创新中心。

成立南网碳资产管理公司，打造“双碳”产业生态圈。南网碳资产管理公司正式成立。南网碳资产管理公司由南方电网资本控股有限公司和南方电网产业投资集团有限责任公司共同组建，经营范围主要包括碳资产投资和管理，碳减排、碳转化、碳捕捉、碳封存技术研发，节能管理服务，认证咨询等，将全力助力南方电网公司绿色低碳发展，服务推动经济社会发展全面绿色转型。

南方电网公司首次面向系统内单位开展碳盘查。2022 年 5 月，电力能源领域首个在科创板上市的科改示范企业——南网科技公司启动碳盘查。此项工作是南方电网公司首次面向系统内单位开展碳盘查。碳盘查通过对南网科技可能产生温室气体的来源以及减排温室气体的项目进行碳排放与减排的清查与数据归集，以了解企业单位的温室气体排放源、排放种类、排放量等情况。